Harper
Collins

Zum Buch:

Es sollte das Paradies auf Erden werden für Familie Baumann: ein Landhaus am Rhein. Gekauft für einen Appel und ein Ei. Mutter Saskia hofft endlich wieder auf Sex mit ihrem Mann, der seinerseits auf einen Oldtimer spekuliert. Doch in der Garage will Pubertier Kim ja ihr Pferd abstellen. Das alles juckt den zehnjährigen Sohn Lukas gar nicht, der eine echte Entdeckung macht: Ein Hausgeist treibt in dem alten Gemäuer sein Unwesen. Und das bringt so einige Vorteile mit sich.

Nicht nur ordert der im Dreißigjährigen Krieg Gemeuchelte teure Fernseher auf Elternkosten und säuft den Weinkeller leer. Er setzt sogar alles daran, sie in die glücklichste Familie aller Zeiten zu verwandeln – und das auf eine sehr eigenwillige Art …

Trunkenbold, Frauenheld, Draufgänger: Gustaf muss man einfach gernhaben – allein weil er Sssssssswede ist.

Zum Autor:

Claus Vaske hat mit seinen Drehbüchern schon viele tausend Mal für Lacher im Deutschen Fernsehen gesorgt – unter anderem als Autor für »Die Harald Schmidt Show« oder »Kalkofes Mattscheibe«. Geboren 1965 am Rand der norddeutschen Tiefebene, arbeitet der Spiegel-Bestsellerautor auch als Gagschreiber und Werbetexter. »Gustaf. Alter Schwede« ist sein dritter Roman.

CLAUS VASKE

GUSTAF

ALTER SCHWEDE

ROMAN

HarperCollins

HarperCollins®
Band 100133

1. Auflage: April 2018
Copyright © 2018 by HarperCollins
in der HarperCollins Germany GmbH

Ungekürzte Ausgabe im HarperCollins Taschenbuch
Copyright © 2017 by HarperCollins
in der HarperCollins Germany GmbH, Hamburg
Dieses Werk wurde vermittelt durch die
Michael Meller Literary Agency GmbH, München.

Umschlaggestaltung: Hafen Werbeagentur, Hamburg
Umschlagabbildung: JDawnink / iStockphoto, textures.com
Redaktion: Eva Wallbaum
Satz: GGP Media GmbH, Pößneck
Printed in Germany
Dieses Buch wurde auf FSC®-zertifiziertem Papier gedruckt.
ISBN 978-3-95967-182-8

www.harpercollins.de

Werden Sie Fan von HarperCollins Germany auf Facebook!

1.

Wo ist der Haken?

Unsicher stöckelt Frau Schüller auf ihren Pumps durch das leere Wohnzimmer, gerät ins Schlingern und versucht sich an der Wand abzustützen. Der Butler in *Dinner for One* ist gar nichts dagegen. Ich schaue Achim an, der erstaunt die Augenbrauen hochzieht. Diese Frau hat ein klares Alkoholproblem. Wahrscheinlich hilft ihr das eine oder andere Glas Prosecco über die Wechseljahresbeschwerden hinweg.

Sie trinkt. Aber ist das unser Bier? Hey, wir stehen mitten in einem hohen, lichtdurchfluteten Raum mit Stuck an der Decke. Das Parkett strahlt honiggelb in der Nachmittagssonne, vor uns führt eine Flügeltür hinaus zur Gartenterrasse. Das ist kein Wohnzimmer, das ist ein Ballsaal! Vor meinem inneren Auge wehen luftige weiße Vorhänge im Wind, ich sehe mich bereits Walzer tanzend durch den Raum schweben. Wenn ich hier einziehen darf, dann ertrage ich auch eine betrunkene Maklerin.

Lukas, unser Kurzer, rennt mit lautem Jubelgeheul und ausgestreckten Armen einmal laut im Kreis herum. Weil genug Platz ist. Seine große Schwester hingegen zieht es vor, draußen beim Wagen zu warten. Sie findet ihre Eltern doof, Hausbesichtigungen langweilig und auf dem Land zu leben peinlich. Oder waren

Hausbesichtigungen doof und die Eltern peinlich? Ein schwieriges Alter …

Früher war das hier mal eine Burg. Ehrlich, kein Quatsch. Aber keine Sorge, man sieht es nur noch an dem alten Gewölbekeller, auf dem das Haus steht, es gibt schon fließend Wasser und so weiter.

Ich dachte auch erst: Burgen, die stehen doch oben auf einem Berg, da hat die Maklerin wohl zu tief ins Glas geguckt, als sie das Exposé geschrieben hat. Aber dann fiel mir ein, dass es schließlich auch diese ganzen Wasserburgen im Münsterland gibt, und da ist es noch viel flacher als bei uns hier. Warum also keine Burg in Rotthoven? Sie wurde irgendwann verlassen, das Gemäuer stand jahrhundertelang leer und verfiel. Bis dann vor über hundert Jahren irgendein reicher Mann auf die Idee kam, sich an gleicher Stelle einen Landsitz zu bauen.

Gute Entscheidung.

Es ist fast schon ein kleines Schlösschen, hinter einem kleinen Wäldchen idyllisch im Grünen gelegen. Und trotzdem haben wir es gleich gefunden. Von der Hauptstraße sind wir auf einen schmalen Weg abgebogen und zwischen zwei alten Pfeilern hindurch auf den gekiesten Vorplatz gefahren. Wir haben vor der alten Remise geparkt, sind die Stufen zur Eingangstür hinaufgegangen, auf den Flur mit dem alten Terrazzo-Boden getreten, und schon waren wir in einer anderen Welt.

Dieses Haus ist ein Traum. Der Volltreffer. Und wir könnten es sofort haben. Einmal innen durchstreichen, fertig, schon könnten wir einziehen. Ist das nicht der Wahnsinn? Okay, dafür müssten wir uns natürlich über unseren Tod hinaus verschulden. Völlig normal, wenn man ein Haus kauft. Irgendwie werden wir das schon stemmen, und ein Urlaub im Sauerland kann auch sehr schön sein. Außerdem sind wir schon so lange auf der Suche, wir wollten umgezogen sein, bevor Lukas auf die weiterführende Schule wechselt, so war unser Plan. Das ist im kommenden Sommer. Und was haben wir schon für Bruchbuden besichtigt. Manche Häuser waren so verbaut – Schrägen, an denen man sich den Kopf stößt, Dusche mitten im Schlafzimmer, Fenster in schwindelerregender Höhe, die man nicht putzen kann – ein Zweijähriger hätte das mit Lego besser hinbekommen.

Einmal sollte gegenüber ein Swingerclub eröffnet werden, was uns der Makler natürlich verschwiegen hatte, dann wieder war der Oma ein lebenslanges Wohnrecht garantiert, wir hätten mit ihr unter einem Dach leben müssen. No way!

Und dann diese Badezimmer. Nicht falsch verstehen: Ich liebe Badezimmer. In einem schönen Badezimmer könnte ich glatt wohnen. Aber allein diese Fliesen, die früher verlegt wurden: Die Hölle muss ein Ort sein, der in den Siebzigerjahren von deutschen Fliesenlegern gekachelt wurde – in Lachsorange, Giftgrün oder Eitergelb. Dazu zählen auch diese mittelbeigebraunen Waschbecken und Badewannen, die aussehen, als wären sie in fünf Jahrzehnten kein einziges Mal geputzt worden. Das muss doch psychische Schäden hinterlassen, sich täglich in so einem Bad aufzuhalten.

Ein anderes Mal standen wir plötzlich inmitten einer altrömischen Säulenlandschaft vor einem riesigen muschelförmigen Whirlpool, vom Stil her irgendwo zwischen Kaiser Neros Villa und dem Puff von Wanne-Eickel angesiedelt. Ich will gar nicht wissen, was die Vorbesitzer darin getrieben haben.

Dazu immer wieder diese unverbesserlichen Maklersprüche:

»Mehr Fenster? Die müssen Sie aber auch putzen.«

»Das ist doch nicht alt, das ist retro. In Berlin ist das wieder voll angesagt.«

»Aber die Züge hören Sie doch nur bei Ostwind.«

»Das Haus hat Charakter. Wie Helmut Schmidt.«

»Halb so wild, der Schaden. Mit ein bisschen Geschick kann man das selbst reparieren.«

Ich hatte die Hoffnung auf eine brauchbare Bleibe fast schon aufgegeben. Und dann, nach all den Enttäuschungen, erwischen wir so einen Prachtbau, traumhaft gelegen und dazu noch erschwinglich? Sorry, aber das kann doch nicht mit rechten Dingen zugehen. Irgendwas stimmt da nicht. Es muss einen Haken geben.

Frau Schüller wankt den weiten Weg zur Terrassentür. Als sie die beiden Flügel öffnet, fällt sie fast hintenüber. Während Achim und ich hinaustreten, hält sie sich mühsam am Türgriff fest.

Wie groß der Garten ist! Auf dem Rasen könnte man locker zwei Tennisplätze unterbringen, ein Zaun trennt ihn von der dahinter liegenden Pferdeweide, und an den Seiten wuchern alte Rhododendronbüsche: Grün, so weit das Auge reicht. Ich komme mir vor wie in einem Rosamunde-Pilcher-Film, es fehlen nur die steifen britischen Landadligen.

Vielleicht haben wir einfach nur Glück. Tatsache ist: Das Haus ist eine Scheidungswaise, die Vorbesitzer hatten es erst liebevoll saniert und sich dann zerstritten. Nun sind sie gezwungen, es zu verkaufen. Wir haben sie vorhin noch kennengelernt, ein Ehepaar in unserem Alter: Während er noch ganz vernünftig wirkte, hat sie ihn nur angegiftet und ihm, als sie gegangen ist, die Nase vor der Tür zugeschlagen. Dann ist sie in ihrem Auto davongebraust. Der blanke Hass. Wir waren froh, als sie endlich weg war.

Hoffentlich bedeutet das kein schlechtes Karma, wenn wir hier einziehen. Wie bringt man es überhaupt fertig, in so einem herrlichen Haus zusammen unglücklich zu sein?

Achim blinzelt in die Abendsonne, er zeigt hinaus auf die Wiesen jenseits des Gartens. »Unverbaubar?«

Frau Schüller nickt. »Unverbaubar.«

Ich hake sicherheitshalber noch mal nach. »Da kommt nichts hin: keine Autobahn, kein Gewerbegebiet und auch kein Atomkraftwerk?«

Frau Schüller wirkt bereits leicht genervt, wie sie den Kopf schüttelt. Vielleicht braucht sie aber auch nur bald wieder einen Drink.

»Kein Haken?«, frage ich.

»Kein Haken«, versichert Frau Schüller erstaunlich nüchtern.

Achim und ich sehen uns an. Ich weiß, er denkt das Gleiche: Das ist es! Zum ersten Mal, seit wir auf der Suche sind, fühlt es sich richtig an!

»Du weißt, was *Pu der Bär* immer sagt?«, beginnt Achim. Er zitiert immer *Pu der Bär*, wenn es ernst wird. Das ist so ein Tick von ihm.

»Was denn, Achim?«

»Er sagt: Greif zu, sonst nimmt es dir ein anderer fort!«

»Ja, dann …«, antworte ich. »Wenn *Pu der Bär* das sagt …«

»Saskia, ehrlich, meinst du, wir sollen …?«

»Ja, auf jeden Fall. Mir gefällt's.«

»Wir kaufen!«, rufen wir beide schließlich, sehen Frau Schüller gespannt an und warten auf ihre Antwort.

9

»Schön, 'llückwunsch«, grunzt sie zufrieden. Dafür, dass sie eigentlich nur betrunken herumstand, wird sie nun eine fette Provision einstreichen. Davon kann sie sich viele Flaschen Prosecco kaufen.

»Greif zu, sonst nimmt es dir ein anderer fort« – das hat zwar nicht Pu gesagt, sondern Balu, der Bär aus dem Dschungelbuch, da bin ich mir ziemlich sicher. Aber wen interessiert das? Wer so begeistert ist wie wir, kann die Bären schon mal durcheinanderbringen.

Achim und ich fallen uns jubelnd in die Arme. Er hebt mich hoch und wirbelt mich durch die Luft. Ist das nicht unglaublich? Wir haben ein Haus. Sofern sich die alte Saufnase von Maklerin morgen noch an uns erinnert …

Wir sind die neuen Herrscher auf Burg Rotthoven. Nicht schlecht, oder? Wir müssen es nur noch unserer Tochter beibringen.

2.

Frau Schüller hatte uns nicht vergessen.

In so einen riesigen, alten Kasten einzuziehen, fühlt sich einfach wunderbar an. Damit verbunden ist das lebenslange Recht, alle Einrichtungshäuser der Region zu plündern. Und es fehlt noch so viel: ein zweites Sofa, Kissen, Vorhänge, Blumen, Übertöpfe, Bilder, Regale, Tischchen, Teppiche, Dekokram, Kerzenständer, Teelichter ohne Ende … Hatte ich Bilderrahmen schon erwähnt? Ich habe schon genaue Vorstellungen, wie ich alles einrichten werde. Ich brauche nur noch einen Lottogewinn.

Die Tinte unter dem Kaufvertrag war kaum getrocknet, da haben wir schon losgelegt und jedes Wochenende gewerkelt und gewirbelt, gedübelt und geschraubt, gepackt, nachdem wir die wertvollsten Sachen bereits in unser neues Heim getragen haben.

Gestern stapelten sich in unserer alten Wohnung noch die Umzugskartons, sodass wir kaum mehr einen Fuß auf den Boden setzen konnten. Nun stehen sie in unserem neuen Flur herum, wo sie eher ein bisschen verloren wirken. Einige der Möbelpacker verteilen sie nach und nach auf die Zimmer, während ein anderer gerade unser Schlafzimmer nach oben schleppt. Das Bett mit der eins vierzig breiten Matratze. Jetzt könnten wir auch mal über was Größeres nachdenken …

Endlich haben wir genug Platz für alle. Die Kinder bekommen ihre eigenen Zimmer. Ich könnte mir sogar ein Arbeitszimmer einrichten. Und dann wäre da noch die Remise gegenüber dem Haupthaus, die könnten wir auch noch ausbauen. Wie das klingt: Ein Haupthaus, wir haben ein *Haupthaus*. Mit *Nebengebäude*. Als wären wir die Ewings auf ihrer *Southfork Ranch*. Dabei haben wir eben noch in einer Dachgeschosswohnung gewohnt.

Kim wünscht sich schon ewig ein Pferd, und mein Göttergatte eine eigene Garage mit Werkstatt für seinen Oldtimer. Den er noch nicht hat. Sein Traum ist ein alter Mercedes, ein Cabrio. Doch nach den ganzen Anschaffungen fürs Haus träume ich nur von einem ausgeglichenen Dispo. Also habe ich erst mal mein Hollandrad in die Remise gestellt.

Damit wir in Ruhe auspacken und einräumen können, haben wir Lukas bei seinem besten Schulfreund geparkt. Ich spiele am Eingang den Platzanweiser für die Möbelpacker, zwischendurch mache ich die Küche betriebsbereit, während Achim im Wohnzimmer unsere neuen Stühle zusammenbaut: Immer wieder jault der Akkuschrauber auf. Nur einmal, da war es Achim selbst, der aufgejault hat, weil ihm einer der IKEA-Kartons auf die Finger gefallen war.

Unser Fräulein Tochter stapft über den Vorplatz, der feine Kies knirscht unter ihren Boots. Kim hat wie immer das Handy am Ohr. »Wer weiß, ob wir uns *jemals* wiedersehen«, jammert sie, als sie in den Flur kommt. »Die haben mich verschleppt, meine eigenen Eltern!«

Sie seufzt dramatisch.

»Internet, hier? Machst du Witze? ... Ja, voll die Wildnis hier ...«, stöhnt sie weiter.

All das ist glatt erfunden. Wir *haben* Internet, das WLAN hatte Achim bereits vor Tagen installiert, und zur Schule ist sie laut Busfahrplan morgens nur sechs Minuten länger unterwegs als früher. Wenn sie nicht sowieso mit ihrem Vater fährt, der sie meist auf dem Weg ins Büro mitnehmen kann. Rotthoven ist nicht das australische Outback, mit dem Auto sind wir in einer Viertelstunde in der Bonner Innenstadt. Eine Vierzehnjährige sollte das überleben!

Kim hat sich dennoch zum Umzugsopfer erklärt. Aber mit einem Pferd, auf dem sie über die Felder galoppieren kann, würde sich die Situation natürlich schlagartig ändern, sagt sie. In dem Fall wäre es sogar toll, auf dem Land zu leben! Und die Remise könnten wir gerne zum Stall umbauen lassen. Tja, was das angeht, muss sie mit ihrem Vater verhandeln, der den Platz für seine nicht-existenten Oldtimer vorgesehen hat – und beide sollten sie dringend mit unserem Bankberater sprechen. Dann wäre zumindest nicht wieder ich diejenige, die Nein sagen muss.

Statt um den letzten verbliebenen Karton einfach herumzugehen, steigt Kim betont umständlich mit ihren Storchenbeinen darüber hinweg, und während sie die Treppe zu ihrem neuen Zimmer hochgeht, schimpft sie unverdrossen weiter in ihr Handy. »Ich stink schon nach Kühen, ich schwöre!«

Oben knallt die Tür zu.

Ich zähle: Fünf, vier, drei, zwei, eins ...

Die Tür fliegt wieder auf. »Ooooh Mamaaa!«

»Was denn, mein Herz?«, flöte ich so gelassen wie möglich.

»Wo ist mein Pulli? Wo ist mein Sitzsack? Und wo sind meine

Socken?« Kims Stimme klingt nach Weltuntergang. »Es ist *kalt*, Mama! Ich *friere*! Wetten, hier draußen gibt es *Rentiere*?!«

Kalt? Wir haben Anfang Oktober, draußen sind es sechzehn Grad.

»Schau in die Kartons.«

»In *welche*?«

»In welche schon. In *deine*!«

»Was *sind* denn meine Kartons?«, kreischt sie.

»Probier's mal mit denen, die in deinem *Zimmer* stehen. Die mit deinem *Namen* drauf!«

Ich will mich weiter darum kümmern, die Möbelpacker zu dirigieren, die gerade Lukas' Kinderzimmermöbel ins Wohnzimmer tragen wollen, doch Kim lässt nicht locker. »Und mein Sitzsack? Ist der auch in einem Karton? Wo soll ich denn jetzt *lesen*?« Ihre Stimme droht, sich zu überschlagen.

»Du sollst nicht lesen, du sollst dein Zimmer einräumen! Du wirst hier *wohnen*!« Und leise füge ich hinzu: »Bis du Abi hast und wir dich endlich rausschmeißen können ...«

Aber worüber rege ich mich auf? Kim kann nichts für ihre Reaktion, so ist der Gang der Dinge. So würde ich jedenfalls *Hechts Psychologisches Wörterbuch*, 15. Auflage, zu dem Thema interpretieren.

> **Pubertät, die**
> *Pubertät nennt man den geschlechtlichen Reifeprozess heranwachsender Menschen. Er wird von allen Beteiligten als konfliktträchtig und schwierig erlebt.*
> *Der Hypothalamus sendet einen Botenstoff aus, woraufhin die Geschlechtsdrüsen beginnen, Hormone zu produzieren. Der Körper verändert sich, das Gehirn wird neu strukturiert. Das*

*verursacht Stress im Körper eines jungen Menschen. Erst läuft
der Mandelkern im Hirn (griech.: Amygdala) Amok und dann
die ganze jugendliche Person. Was wiederum Stress für ihre
Umwelt bedeutet. Ein Drama.*

siehe auch:
→ Amygdala (Hirnregion).
→ Amidala: Natalie Portmans Rolle in »Star Wars«.

Egal. Wir lieben unser pubertierendes Töchterchen, ob mit rotie-
rendem Mandelkern oder ohne. Doch der osteuropäische Möbelpacker, der gerade den heiß ersehnten roten Sitzsack in Kims
Zimmer getragen hat, verdreht auf dem Rückweg genervt die
Augen und flucht leise vor sich hin. Wahrscheinlich irgendwas
mit »Göre« und »eine scheuern«.

Achim geht an mir vorbei und verschwindet im Keller. Ein
paar Augenblicke später kehrt er mit einem Hammer zurück und
geht wieder ins Wohnzimmer. Muss ich mir Sorgen um unsere
neuen IKEA-Stühle machen?

»Sag mal, hast du den Schlüssel für die Tür da unten?«, fragt
er mich im Vorbeigehen.

»Was für eine Tür?«, frage ich.

Achim bleibt stehen, sieht mich verblüfft an und zeigt in Richtung Keller. »Die alte Tür. Da unten.«

Wir haben eine Tür im Keller? Aha. Das wusste ich gar nicht.
Ich muss allerdings auch zugeben, dass ich seit der Hausbesich-
tigung nicht mehr unten war. Es gibt nun mal Spannenderes als
Keller, deren einziger Zweck darin besteht, all das Gerümpel ein-
zulagern, das woanders keinen Platz findet: Skier, Winterreifen,
alte Fahrräder … Und dafür haben wir auch noch die Remise.

Dabei ist unser neuer Keller durchaus eindrucksvoll, das gebe ich zu: ein altes gemauertes Gewölbe, hoch genug, um darin stehen zu können. Ich könnte mir wunderbar eine Sauna da unten vorstellen. So aufwendig kann das doch nicht sein. Ach, wäre das herrlich, so eine eigene kleine Wellness-Oase. Irgendwann, wenn Achim seinen Oldtimer bekommen hat und Kim ihr Pferd, dann werde ich sie mir einrichten.

Also nie.

Nebeneinander stehen mein Mann und ich vor der massiven alten Holztür. Ich rüttle an dem geschwungenen Griff, der für meine Hand viel zu groß ist. »Wo kommt die Tür denn plötzlich her? Wohin führt die?«

Die muss zentnerschwer sein! Sie läuft oben spitz zu und ist mit einem Gitter aus schwarzem Metall beschlagen. Mich erinnert sie an den Eingang zu einem Verlies, so wie in alten Abenteuerfilmen, als würde dahinter d'Artagnan oder Lady de Winter gefangen gehalten. Erstaunlicherweise sehe ich nirgendwo Staub oder Spinnweben. Es wirkt, als wäre sie neulich noch benutzt worden. Aber von wem? Haben unsere Vorbesitzer noch den Schlüssel? Wir müssen versuchen, unsere Maklerin zu erwischen, wenn sie nüchtern ist, dann könnten wir sie fragen und vielleicht sogar eine brauchbare Antwort erhalten.

»Saskia, Türen wandern nicht«, erklärt Achim. »Die muss immer schon da gewesen sein.«

»Aber so eine große Tür? Die hätte mir doch auffallen müssen.«

Achim runzelt nachdenklich die Stirn. »Vielleicht war das Licht schlecht. Oder es stand irgendwas davor, ein Schrank oder ein Regal. Keine Ahnung …«

»Was ist wohl dahinter?«, grüble ich.

»Wer weiß … Vielleicht das Bernsteinzimmer«, fantasiert Achim herum. »Oder der Schatz der Nibelungen, und wir finden ihn.«

»Ich tippe eher auf einen vergammelten Öltank, und wir müssen ihn für viel Geld entsorgen.«

Doch Achim hört mir gar nicht richtig zu, sondern schaut mich aus glänzenden Augen an. »Schatz, das erste Geheimnis in unserer Burg!«

3.

Die erste Nacht im eigenen Haus, heißt es, sei wegweisend. In diesem Fall möchte ich gerne von Achim in den Schlaf gekuschelt werden.

Nach der Schinderei und Schufterei habe ich mir eine Dusche gegönnt. Das Handtuch um den Körper geschlungen, komme ich frisch eingecremt und wohlriechend ins Schlafzimmer, wo Achim sich nach getaner Arbeit wie ein müder Löwe streckt. Diese sehnige Statur, hach! Er ist fast noch so schmal wie damals, als wir uns kennengelernt haben. Fast zwanzig Jahre ist das schon wieder her. Ein paar Pfund mehr hat er heute vielleicht auf den Hüften, aber immer noch diesen entzückenden, festen Po …

Kim und Lukas sind im Bett, kein Fußgetrappel und kein Kichern sind zu hören. Nur der Wind rauscht draußen in den Bäumen, die vor unserem tollen, neuen Haus stehen. Ich umarme Achim, er dreht sich zu mir um, und wenn mein Handtuch mir jetzt nicht wie von selbst von den Hüften rutscht, dann muss ich wohl ein bisschen nachhelfen. Endlich haben wir Raum für uns, mein Mann und ich.

»Hey Liebes, Wahnsinn, oder? *Unser Haus!*«, haucht er mir ins Ohr, und ich bekomme vor Glück glatt eine Gänsehaut, ein Schauer fährt durch meinen Körper.

»Mmh …«, gurre ich und schmiege mich noch enger an ihn. Endlich löst sich dieses blöde Handtuch, er streichelt und umarmt mich, wir küssen uns. Schon landen wir auf dem frisch bezogenen Bett. Wie wunderbar das alles duftet: die neuen Laken, das Zimmer, mein Kerl. Das macht mich ganz wuschig.

Na, was regt sich denn da bei ihm? Es ist … also … Es ist nicht nichts, aber …

»Boah, bin ich fertig …«, stöhnt er.

Doch: Es ist nichts. Tote Hose.

»Soll ich dich ein bisschen aufmuntern, hm …? Dich massieren?«, säusele ich.

»Tut mir so leid …« Seufzend rollt er hinüber auf seine Seite. Game over, mal wieder.

Als das Licht aus ist, robbe ich mich zur Löffelchenstellung an ihn heran. Vielleicht war es nur der falsche Moment. Außerdem hat er recht. Der Tag war wirklich anstrengend. Achim hat geschuftet wie ein Ochse. Ich bin stolz auf ihn!

Wenn man so will, wohnen wir auch noch gar nicht richtig hier, denn es gibt noch so viel im Haus zu tun. Dann ist eben die zweite Nacht die erste.

Die komplette Familie Baumann ist an diesem Morgen spät dran. Ich hätte es ahnen können. In so einem großen Kasten dauert alles länger. Ehe ein komplett verpennter Zehnjähriger über den langen Flur den Weg ins Bad findet, vergeht allein schon eine halbe Ewigkeit. Seine pubertierende Schwester dagegen findet gar nicht mehr aus dem Bad heraus, nachdem sie es gefunden hat. Ich habe keine Ahnung, was sie darin die ganze Zeit macht.

Bewundert unser Burgfräulein sich im Spiegel, kämmt es sein güldenes Haar oder kann es sich wieder nicht zwischen Lipgloss mit oder ohne Glitzer entscheiden?

Ich selbst laufe auch noch völlig planlos durch die Gegend. Vor dem Schlafzimmer stehend überlege ich: Wo ist noch mal die Küche? Ah stimmt, wir haben jetzt ja ein zweites Stockwerk. Ich eile also die Treppe hinunter ins Erdgeschoss. Heute Morgen bräuchte ich für dieses Haus definitiv ein Navi.

Doch irgendwann haben die Kinder ihr Frühstück, und ich kann mir meinen Kaffee machen. Kim thront lässig auf der Arbeitsfläche und mampft beinebaumelnd ihr Müsli. Lukas sitzt am Tisch, futtert seinen Toast und nippt an der Kakaotasse. Während die Espressomaschine vor sich hin brummt, wende ich mich an die Runde: »Ihr wisst doch: Was man in der ersten Nacht im neuen Haus träumt, das geht in Erfüllung. Also, wovon …«

»Pferd!«, kommt Kims Antwort wie aus der Pistole geschossen.

Nicht schon wieder, denke ich.

»Och, Kim …«

»Ehrlich, es stimmt!«, beteuert sie. »Ich habe geträumt, dass ich ein Pferd habe, so ein großes, mit dem man auch Turniere reiten kann. Ich schwöre!« Frech grinsend fügt sie hinzu: »Du hast gesagt, mein Traum geht in Erfüllung. Krieg ich jetzt eins?«

»Netter Versuch, Liebes«, sage ich und lächle kühl. Seit sie aus den Windeln raus ist, quengelt sie, dass sie ein Pferd haben will. Die paar Wochen, bis Jungs wichtiger sind, sitzen wir doch locker auf einer Backe ab!

»Und ich habe von einem Gespenst geträumt«, verkündet Lukas.

Kim kichert. »Lukas, du Dummkopf. Du verstehst das Prinzip nicht. Du musst sagen, du hättest von einer Playstation geträumt!«

»Aber da war ein Gespenst!«, kräht ihr kleiner Bruder fröhlich. »So ein ganz alter Mann. Der hat gelacht.«

»Das ist schön, Lukas«, lobe ich ihn. »So ein Gespenst ist auch viel billiger als ein Pferd!«

»Aber Mama, was soll er mit einem Gespenst? Das kann ja noch nicht mal *Angry Birds*. Lukas, hör auf mich: Nimm die Playstation.«

Lukas rutscht so weit wie möglich auf seinem Stuhl herunter und versteckt sich hinter seiner Kakaotasse. »Das Gespenst gibt es«, schmollt er.

»Ach übrigens, Mama, ich habe nicht nur von einem Pferd geträumt«, plappert Kim übermütig weiter. »Da war auch ein Elektro-Roller, ein Bauchnabel-Piercing – und ich war shoppen auf Mallorca!«

Ich verbrenne mir vor Schreck fast den Mund an dem heißen Kaffee. »Oh Gott, Kim, so ein Bauchnabel-Piercing geht gar nicht. Das kommt nicht infrage.«

Kim hüpft von der Arbeitsplatte herunter. »Dann darf ich zum Shoppen nach Mallorca? Juhu! Danke, Mama!«

Mit restfeuchten Haaren kommt mein Mann in die Küche. Er gibt mir einen Kuss und nimmt mir bei der Gelegenheit die Tasse mit dem frisch gebrühten Kaffee aus der Hand.

»Papa, wovon träumst du denn?«, will Kim wissen. »Ich will ein Pferd und Lukas weiß noch nicht.«

»Ach, das weiß eure Mutter schon längst.«

»Und …?«

»Nichts Besonderes, nur ein altes Auto. Aber ihr wisst ja …«

»Ja. Wir müssen vernünftig sein«, sagt Kim seufzend.

»So sieht's aus«, bestätigt Achim und zwinkert mir amüsiert zu.

Sehr lustig. Mal wieder bin ich die Spaßbremse. Nur weil er es nie schafft, auch mal Nein zu sagen. Soll ich ihm mal erzählen, wovon *ich* so träume? Besser nicht vor den Kindern. In dieser Nacht war es ein Möbelpacker mit großen, kräftigen Händen, der Oberkörper frei, die Jeans halb geöffnet … So weit ist es schon gekommen, dass ich mir nachts einen Achtziger-Jahre-Softporno zusammenträume.

Wie wäre es damit: Achim bekommt sein Cabrio und ich den knackigen Mechaniker aus der Autowerkstatt. Wäre das ein Deal?

Ich öffne den Kühlschrank, um meinen Camembert herauszuholen. Ich liebe Käse, je würziger, desto besser. Ohne Käse kein Frühstück!

Immer muss ich die Vernünftige sein, denke ich, während ich zwischen den Lebensmitteln herumsuche. Es ärgert mich selbst, aber wir haben nun mal neuerdings ein Haus, das wir die nächsten zwanzig Jahre abstottern müssen. Das ist eine Tatsache. Einer muss den Laden zusammenhalten. Und die paar Euro, die wir noch auf den Konto haben, brauchen wir bestimmt für andere Dinge als für Springpferde oder schicke Oldtimer. Sind wir das britische Königshaus? Ist das hier Windsor Castle? Und wo ist der Käse?

Ja, wo ist er geblieben? Gestern hatte ich welchen eingekauft, einen leckeren Camembert und einen Allgäuer Bergkäse, ich bin mir ganz sicher. Der Bergkäse ist noch da, aber der Camembert ist weg. Ich bin doch nicht blöd, das habe ich doch nicht geträumt.

Ich drehe mich zu meiner Familie um. »Raus damit, wer hat meinen Käse gegessen?«

»Deinen fiesen Stinkekäse?«, ekelt sich Kim.

»Ja, genau den.«

»Vergiss es. Eher würde ich meine Socken essen.«

»Gestern Abend war da noch welcher!«

»Gut, dass er weg ist!«

»Kim, der verschwindet nicht über Nacht …«

»Also – ich war's auch nicht«, beteuert Achim.

»Ich weiß es!«, ruft Lukas. »Das Gespenst hat den Käse gegessen!«

»Unser Kleiner!«, spottet seine Schwester und wuschelt ihrem Bruder dabei durchs Haar. »Wie süß, du glaubst wohl auch noch an den Weihnachtsmann.«

Lukas kneift genervt die Augen zu und zieht einen Flunsch. Oje, ich ahne schon: Das wird nicht gut gehen, das gibt gleich Streit.

»Und du träumst von Dustin«, ruft Lukas.

Zack! Da ist die Retourkutsche, die hat gesessen. Kim bleibt die Spucke weg, ihr stockt der Atem, dann läuft sie himbeerrot an. »Oh Lukas! Mama, Papa, das ist doch gar nicht wahr! Das … das stimmt nicht …«

»Ihr habt euch gekööösst«, macht Lukas unverfroren weiter.

»Lukas!«, kreischt Kim, ihr schießen die Tränen in die Augen. Sie rennt aus der Küche. Jungs und Küssen – das fällt wohl noch in die Rubrik »peinlich«, zumindest vor uns, ihren Eltern.

»Lukas, das war gemein von dir. Du entschuldigst dich bei Kim«, schimpfe ich. »Sofort!«

»Aber …«

»Sofort!«

Schmollend trottet Lukas aus der Küche.

Achim sieht mich mit hochgezogener Augenbraue an. »Dustin?«

Ich kann nur mit den Schultern zucken. »Keine Ahnung. Ich höre den Namen auch zum ersten Mal.«

»Hm. Es ist also so weit«, brummt mein Mann.

»Was ist wie weit?«, frage ich misstrauisch.

»Was schon: Ab jetzt renne ich mit der Flinte ums Haus.«

Damit verlässt er die Küche, um die Kinder für die Schule einzusammeln.

Na also, geht doch. Da ist er, der erste Freund. Bestimmt sind Pferde für Kim bald völlig unwichtig.

Ich schaue in den Mülleimer: Unten auf dem Boden liegt einsam und verloren das Einwickelpapier des Camemberts. Und auf einmal bin ich mir nicht mehr sicher: War ich es vielleicht doch selbst, die ihn weggefuttert hat?

Triebabfuhr durch nächtliche Fressattacken, das wäre nicht so ungewöhnlich. So etwas kommt häufig genug vor. Habe ich etwa mit dem muskulösen Möbelpacker aus meinem Traum auch noch gemeinsam gefrühstückt?

Es gibt Momente, da zweifle ich an mir selbst.

4.

Unser Krankenhaus liegt im Bonner Süden sehr schön am Hang, mit herrlichem Blick aufs Rheintal. Eine gehobene Gegend. In den Villen der Nachbarschaft wohnen ehemalige Politiker, die in Bonn geblieben sind, und die halbe Besatzung des ZDF-Traumschiffs ist hier gestrandet, warum auch immer, hinzu kommen ein paar verknöcherte und vergreiste Adlige. Würde man das Viertel überdachen und zum Seniorenheim erklären, wäre die Klinik auf einen Schlag überflüssig. Aber wahrscheinlich scheitert das an der Hanglage.

Im Hause bin ich für psychologische Betreuung und Beratung zuständig, ich spreche vor allem mit älteren Patienten und begutachte deren mentale Verfassung. Meist geht es dabei um Alzheimer oder Altersdepressionen.

Kurz: Ich bin die Psychotante. Ich quatsche nur.

Ich fürchte, manche der Ärzte würden meine Arbeit mehr respektieren, wenn ich selbst gebackenen Kuchen mitbringen würde.

Für die Patienten bin ich wahlweise Erbschleicherin, böse Nachbarin oder die verlorene Tochter. Je nach Schweregrad der Demenz.

Bevor ich morgens ins Büro gehe, führt mein Weg mich erst ins Schwesternzimmer auf der Inneren. Dort nehme ich mir einen Kaffee, plaudere ein wenig mit den Kolleginnen und erkundige mich, ob es in der Nacht irgendwelche besonderen Vorkommnisse gab.

Diesen Weg kreuzt heute Chiara Pütz, ein niedliches blondes Mäuschen, das neuerdings als Schwester auf der Station arbeitet. Sie trägt ein Tablett, auf dem einsam das künstliche Gebiss eines Patienten liegt.

Vergnügt grüßt sie mich: »Huhu, Frau Berger!«

Baumann. Ich heiße immer noch Baumann, und dass Schwester Chiara nicht der hellste Stern am Firmament ist, war mir bereits zu Ohren gekommen. Dafür hat sie andere Qualitäten. Diesen Kittel zum Beispiel, der für sie mindestens eine Nummer zu klein ist. Er sitzt wirklich unverschämt eng, unter dem Stoff zeichnet sich ein dünner String ab, und weiter oben purzeln ihr fast die Dinger aus dem Ausschnitt. So geht man höchstens als sexy Krankenschwester zum Karneval.

Wenn wir sie so zu den älteren Patienten lassen, steigert das nicht in unverantwortlicher Weise das Herzinfarktrisiko?

Es soll nicht mein Problem sein, denn das Sagen hat auf der Inneren Station immer noch Oberschwester Regine, und vor ihr habe ich echten Respekt, wie jeder andere hier. Ihr Motorrad parkt sie grundsätzlich auf dem Ärzteparkplatz, und niemand wagt es, dagegen zu protestieren. Es ist eine große, schwere Maschine, die sie angeblich ohne fremde Hilfe wieder aufstellen kann, wenn sie mal umgekippt ist. Die wenigsten Männer schaffen das!

Von der Statur her könnte ich sie mir auch gut als Metzgersgattin hinter der Fleischtheke vorstellen. Sie hat die Arme einer Gewichtheberin, nur tätowierter. Wenn sie wütend wird, flucht sie wie ein Straßenmafioso, der um sein Schutzgeld betrogen wurde. Aber als Stationsschwester ist sie ein Segen. Jedenfalls hat sie den Laden im Griff.

An diesem Morgen steht sie mit ein paar der Schwestern aufgeregt tratschend vor dem Schwesternzimmer.

»Morgen! Na, gibt's was Neues?«, begrüße ich die Kolleginnen.

»Ah, die Psychotante«, begrüßt sie mich herzlich-derb wie immer und fragt verschwörerisch in die Runde: »Mädels, sollen wir's ihr erzählen?«

»Was denn?«, frage ich.

»Na gut, weil Sie's sind. Sie werden's nicht glauben: Dr. Sittler hat heute Nacht in Zimmer 316 geschlafen!«

»Der Doc? Wieso das denn?«

Wer Dr. Sittler ist? Ganz einfach …

Emergency Room (Abk. ER), das
ER war eine US-amerikanische TV-Serie (1994–2009), die in
der Notaufnahme eines fiktiven Krankenhauses in Chicago
spielte. »Emergency Room« bedeutete für den Schauspieler
George Clooney den internationalen Durchbruch, bevor er
später mit Filmen wie »Ocean's Eleven« Triumphe feierte und
zum »Sexiest Man Alive« gewählt wurde.

siehe auch: → George Clooney.
siehe nicht: → Schwarzwaldklinik → Sascha Hehn.

Manche Kolleginnen behaupten zwar, Serien wie *Emergency Room* wären völlig unrealistisch, so was gäb's gar nicht. Dem muss ich aber aus meiner langjährigen beruflichen Praxis widersprechen. Es gibt immer diesen einen Arzt, der einfach so unfassbar charmant, selbstbewusst und gut aussehend ist, dass die Frauen ihm reihenweise zu Füßen liegen. Jedes Krankenhaus hat seinen George Clooney. Bei uns ist dieser Arzt eben Dr. Sittler. Und obwohl ich eine glücklich verheiratete, rational veranlagte Psychologin Ende dreißig bin, bekomme sogar ich weiche Knie, wenn er mich aus seinen mokkabraunen Augen mit diesem melancholischen Dackelblick anschaut.

»Wie … Wieso schläft der Doc nicht im Bereitschaftszimmer?«

Niemand käme auf die Idee, sich zum Schlafen in eines der Krankenzimmer zu legen.

»Weil er gar nicht Bereitschaft hatte«, erwidert Schwester Regine.

»Und wieso übernachtet er dann hier?«

»Clevere Frage! Sie machen so was beruflich, oder?«

Mein letzter Stand ist, dass Dr. Sittler gerade erst mit seiner neuen Freundin zusammengezogen ist. Wenn er sich nun also nachts ins Krankenhaus flüchtet, dann kann das nur bedeuten … dann heißt das doch … der einzige Grund kann sein, dass …

»Der Doc ist wieder solo?«

Die umstehenden Schwestern nicken aufgeregt, und plötzlich kommt es von allen Seiten:

»Ja. Ist das nicht toll?«

»Sie hat ihn rausgeschmissen.«

»Wie dumm von ihr!«

»Der Arme! Ich werde ihn trösten!«

»Wo steckt er jetzt?«, frage ich neugierig.

»In Zimmer 311, auf Morgenvisite«, antwortet Schwester Regine. »Er müsste gleich wieder herauskommen.«

Schon plappern die Schwestern weiter:

»Ich lass mich scheiden.«

»Ich übernehme freiwillig die nächste Nachtschicht!«

»Nein, ich!«

»Nein, ich!«

»Wenn ihr was ploppen hört, das ist mein Eisprung!«

Schlagartig erstirbt das Gackern, als die Tür von Zimmer 311 aufgeht und Dr. Sittler in Begleitung zweier anderer Ärzte von der Visite zurückkehrt. Er bespricht sich kurz mit seinen Kollegen, dann geht er den Flur entlang auf uns zu. Die Hühner stieben hektisch auseinander, zurück bleiben Schwester Regine und ich.

Vertieft in eine Patientenakte marschiert Dr. Sittler an uns vorbei.

»Hal-loh«, flötet Schwester Regine und winkt ihm mit ihren Metzgersgattinnenfingern kokett zu.

»Hm, hallo«, brummt der Doc unwirsch zurück.

Federnder Gang, brünettes Haar mit grau melierten Spitzen, dezente Restbräune vom letzten Mallorcaurlaub: Dr. Sittler sieht wie immer blendend aus. Zudem hängt über seinen Augen dieser gewisse, müde Schleier, eine Mischung aus betörendem Schlafzimmerblick und selbstloser Aufopferung für die Patienten. Hach, wer würde da nicht schwach werden? Nach einem Arzt wie ihm verzehren sich ganze Schwesternschülerinnenwohnheime vor Sehnsucht!

Verzückt schaut Schwester Regine dem Doc hinterher. »Wenn Sie mich fragen – er will mich!«

Damit dreht sie sich um und kehrt zurück ins Schwesternzimmer. Sie und der Doc zusammen in Action, das will ich mir lieber gar nicht … Zu spät!

Während ich noch versuche, dieses unappetitliche Bild aus meinem Kopf zu bekommen, dröhnt Schwester Regines Bass schon wieder über den Flur: »Chiara, was ist das denn?«, poltert sie lauthals. Da stürzt auch schon Chiara Pütz tränenüberströmt aus dem Schwesternzimmer, um den Flur hinunter in Richtung Toilette zu laufen.

Was ist denn jetzt passiert? Vorsichtig luge ich um die Ecke. Schwester Regine steht an der Arbeitsplatte, kratzt sich nachdenklich den Kopf, vor ihr liegen mindestens ein Dutzend Zahnprothesen, Ober- wie Unterkiefer, alle wild durcheinandergeworfen.

»Was ist denn hier los?«, frage ich.

»Was los ist?«, echot Schwester Regine. »Unser kleines Marzipanschweinchen sollte das Gebiss *eines* Patienten reinigen. Aber sie hat gleich die Zähne von *allen* Patienten eingesammelt.«

»Ja und? Das ist doch sehr fleißig von ihr.«

Schwester Regine nimmt eine Oberkieferprothese, hält sie mit spitzen Fingern hoch und begutachtet sie ausgiebig. »Jetzt sagen Sie mir mal, wem mögen diese Zähne wohl gehören?«

»Sie hat die Prothesen nicht markiert?«

»Nein. Ich weiß nicht mal, welche zusammengehören. Jetzt müssen wir sie alle durchprobieren, bei jedem Patienten. Das wird ein Spaß«, seufzt sie. Sie legt die Prothese wieder zurück zu den anderen. »Aber das kann sie gefälligst selbst machen. Wo ist sie hin, das dumme Stück?«

Wir gehen auf den Flur – und bleiben gleich wieder stehen. Schwester Regine krallt sich an meinem Arm fest. »Jetzt brauche *ich* psychologische Hilfe!«

Ich könnte aber selbst gerade etwas Unterstützung gebrau-

30

chen. Das darf nicht wahr sein, die Welt ist ungerecht. Am Ende des Krankenhausflures steht Chiara Pütz mit Dr. Sittler, und während sie sich an seiner Brust ausweint, streicht er ihr tröstend übers Haar, und so inniglich, wie sie sich aneinanderschmiegen, müssen sie ein Paar sein. Es gibt einfach Dinge, die dürfen nicht passieren.

»Das Marzipanschweinchen und unser Doc«, schimpft Schwester Regine. »Es ist eine Schande!«

Ja, es ist eine Schande. Sie ist dümmer als jede Mullbinde, doch sie hat Sex. Im Gegensatz zu mir.

5.

Die zweite Nacht im neuen Haus. Wie spät mag es sein? Zwei Uhr, drei Uhr? Ich liege immer noch wach.

Es ist nicht schlimm, wirklich nicht. Im Laufe einer Zeit verändert sich eine Partnerschaft nun mal, die Erotik mag an Bedeutung verlieren, aber dafür wird die emotionale Bindung umso enger. Damit kann ich sehr gut umgehen. Ehrlich.

Erektile Dysfunktion, die
Unter erektiler Dysfunktion versteht man die Unfähigkeit eines Mannes, Geschlechtsverkehr auszuüben. Dabei kommt es beim Mann zu keiner ausreichend langen Versteifung des Gliedes, um den Beischlaf zu vollziehen. Die Ursachen können sowohl psychologischer als auch organischer Art sein. Erst wenn diese Potenzprobleme seit sechs Monaten oder länger auftreten, handelt es sich per definitionem um eine erektile Dysfunktion. Erektionsstörungen nehmen mit steigendem Lebensalter zu – dem des Mannes, nicht seiner Sexualpartnerin.
Gegebenenfalls können moderne Potenzmittel Abhilfe schaffen, sie ersetzen aber keine Therapie. Ein Besuch beim Urologen wird dringend empfohlen.

siehe auch:
→ Potenzmittel.
→ BMW → Porsche → Maserati → Viagra.

Ein Marderweibchen stirbt, wenn es einen Sommer lang keinen Sex hatte. Schuld ist ein dauerhaft erhöhter Östrogenspiegel, der zu Blutarmut führt. In der Folge wird der Körper nicht mehr ausreichend mit Sauerstoff versorgt. Jetzt haben wir schon Anfang Oktober! Wäre ich ein Frettchen, ich würde mir allenfalls noch ein paar Wochen geben.

Dass längere Zeit Funkstille zwischen uns herrschte, das war okay, das kommt vor. Aber dann wollte ich wieder, hatte auf einmal wieder Lust, aber von ihm kam nichts. Und das ist ein ganz blödes Gefühl, wie Heißhunger auf Schokolade, und es ist keine da. Oder du freust dich auf deine Lieblingsserie – und es läuft Fußball.

Verdammt! Steht er nicht mehr auf mich, bin ich nicht mehr schön genug? Oder sind ihm andere Dinge einfach wichtiger? Mit absurden Hobbys fängt es meistens an. Manche Männer beschäftigen sich plötzlich mit Eisenbahngeschichte oder sie spielen Golf. Achim interessiert sich neuerdings für alte Autos. Das macht mich nachdenklich. War's das mit unserem Sexleben? Sollte ich zum Zeitvertreib an der Volkshochschule Kurse zum veganen Töpfern buchen?

Aber so alt sind wir doch noch gar nicht, oder? Noch nicht mal vierzig. Achim raucht nicht, er trinkt nicht, und für einen Mann ernährt er sich erstaunlich gesund. Er fährt auch nicht exzessiv Fahrrad, nein, da klemmt nix ab. Diabetes oder Bluthochdruck kann man auch ausschließen. Was ist also los?

Ich werfe einen Blick auf den Wecker. Schon halb drei? Ich müsste mal schlafen …

Du, ist nicht so schlimm, überhaupt nicht. Mittlerweile wissen auch die Kerle, dass dieser Satz das genaue Gegenteil sagt, so blöd sind sie nun auch wieder nicht: Doch, es *ist* schlimm. Vielleicht nicht beim ersten Mal, wenn es passiert, und auch nicht beim zweiten, aber … Ach Mensch, vielleicht sollte ich ihm einfach die Klamotten vom Leib reißen und mich nackt auf ihn stürzen. Jetzt gleich, mitten in der Nacht.

Aber dann? Was ist, wenn er wieder nicht kann? Dann haben wir erst recht ein Problem! Er wird sich als Versager fühlen, weil er denkt, dass ich enttäuscht bin. Was ich bin. Aber ich würde es ihm nie sagen …

Alles klar?

Wir haben zwar schon darüber gesprochen, aber nur kurz, denn Achim hasst es, wenn ich zu Hause herumpsychologisiere. Er merkt sofort, wenn ich versuche, ihm etwas so zu sagen, als wäre ich gar keine Psychologin. Das weiß ich. Und er weiß, dass ich weiß, dass er weiß … Halt! Jetzt wird's kompliziert.

Ich habe auch schon überlegt, zu einem Paartherapeuten zu gehen. Ich bin offen für so was, schließlich bin ich selbst Psychologin. Aber genau darin liegt das Problem: Die meisten hier in der Gegend kenne ich, das sind Kollegen. Sollen wir mit denen darüber reden, wie es bei uns zu Hause im Bett läuft und wie ich gerade drauf bin, nämlich ziemlich … na ja … notgeil? Bitte nicht.

Wäre ich doch nur Chirurgin oder Orthopädin geworden, irgendwas Doofes.

Schon fast drei. Ich werde wahnsinnig, gleich klingelt der Wecker. Auf der Arbeit werde ich hundemüde sein.

Nein, ich werde nichts tun, was ihn unter Druck setzt. Das weiß er auch. Ich weiß, dass er weiß … Er weiß, dass ich weiß, dass er weiß …

Hört das denn nie mehr auf?

6.

Woher wissen Kinder so genau, wann sie ihren Eltern besonders auf die Nerven gehen können? Unser Lukas hat dafür scheinbar einen sechsten Sinn. An anderen Tagen kann er sich wunderbar benehmen, aber ausgerechnet heute Morgen nicht. Als er die Kakaotasse leer schlürft, klingt das wie der Überlauf im Schwimmbad. Gleichzeitig trommelt er mit dem Löffel auf den Teller. Der Krach macht mich wahnsinnig, drei Stunden Schlaf sind einfach zu wenig.

»Lukas, mach dich fertig, bitte!«, stöhne ich.

»Okay.«

Er flitzt los, um seine Jacke anzuziehen.

Aber wo bleibt Kim nur? Wenn sie noch mehr trödelt, kommt sie zu spät zur Schule. Ich gehe die paar Schritte von der Spüle zur Küchentür und lausche kurz, ob sich oben was regt, bevor ich laut rufe: »Kim, kommst du endlich? In zehn Minuten fährt dein Bus.«

Hinter mir höre ich ein zartes Stimmchen. »Aber Mama, ich bin doch schon hier.«

Ich habe meine eigene Tochter übersehen. Unfassbar. Ganz in sich gekehrt hockt sie am Küchentisch und starrt auf ihr Smartphone. Sie muss sich unbemerkt in die Küche geschlichen haben,

35

ich könnte nicht mal sagen, ob sie mir schon einen guten Morgen gewünscht hat.

»Entschuldige, Kleines, ich bin noch nicht ganz wach. Ich habe schlecht geschlafen.«

»Kein Problem, Mama.«

»Möchtest du noch was essen?«

»Nö.«

Weshalb ist sie auf einmal so still? Gestern hatten wir uns noch gestritten, dass die Fetzen flogen, und nun muss man ihr jedes Wort aus der Nase ziehen. Geht die Trotzphase bei ihr fließend in Autismus über?

Ihr Smartphone klingelt, sie liest die SMS. Ein Strahlen überzieht ihr Gesicht, und sie schaut mich glücklich an. Sie muss gar nichts sagen, ich weiß es auch so: Sie ist verliebt, mein liebes Töchterchen, zum allerersten Mal. Ist das nicht wunderbar? Ich freue mich so sehr für sie und nehme mir fest vor, ihren Freund mit offenen Armen willkommen zu heißen. Außer, dieser Dustin ist ein mieser kleiner Bastard, der mit Kim nur seine Spielchen treibt. Dann werde ich ihn leider töten müssen.

»Tschüss, Mama!«, ruft Kim. An der Tür schaffe ich es gerade noch so, Lukas zu verabschieden. Kim ist schon vorausgelaufen; so eilig hat sie es heute, zur Schule zu kommen.

Ich schließe die Haustür. Nanu, warum steht die Kellertür offen, und wieso brennt dort das Licht? Ist Achim unten, sucht er etwas? Bisher lagern im Keller neben unseren Bier- und Weinvorräten nur die Skier der Familie. Nichts, was man an einem sonnigen Herbstmorgen bräuchte.

Ich schaue in den Keller. Kein Achim zu sehen. Seltsam, das

Licht schaltet sich doch nicht von selbst ein. War Achim vielleicht gestern Abend noch unten?

Rechts an der Wand steht die Bierkiste, sie ist halb leer. Vor ein paar Tagen, da bin ich mir sicher, war sie noch komplett.

Wie genau wirkt Bier sich auf die männliche Potenz aus? Das sollte ich mal recherchieren. Aber mein Mann trinkt doch nie Alkohol, schon gar nicht, wenn er allein ist. Und dann lässt er im Suff plötzlich das Licht an? Warum habe ich dann heute Nacht seine Fahne nicht gerochen?

7.

Das Marzipanschweinchen weint wieder. Schluchzend rennt es an mir vorbei in Richtung Toilette, verfolgt von Schwester Regines lautem Schimpfen.

Vorsichtig schaue ich ins Schwesternzimmer. Kann ich mich hineintrauen, oder sollte ich heute Morgen besser mal auf meinen Kaffee verzichten?

Aber Schwester Regine hat mich bereits entdeckt. »Hallo Psychotante, kommen Sie rein. Ich brauche jemanden zum Reden.«

»Was ist es denn diesmal?«

»Sie hat es nur gut gemeint«, höhnt Schwester Regine. »Sie hat dem Vorhofflimmern auf Zimmer 311 persönlich das Frühstück gebracht. Weil er so hungrig aussah.«

»Das ist doch sehr aufmerksam von ihr!«

»Er soll einen Herzkatheter gelegt bekommen, dafür muss der Patient nüchtern sein. Deshalb hatte ich sein Frühstück extra beiseitegestellt. Sagen Sie mir, wie kann man nur so dumm sein?«, schimpft sie und korrigiert sich gleich selbst: »Hab ich dumm gesagt? Ach was: Die Hupe an meinem Motorrad ist klüger als Chiara Pütz!« Mit diesen Worten rauscht sie an mir vorbei aus dem Zimmer. »Ich sag jetzt mal die Untersuchung ab ...«

38

Auf dem Weg zu meinem Büro kommt mir Dr. Sittler entgegen. Ich wundere mich, dass er nicht bei Chiara ist. Muss sie bereits wieder auf seine tröstenden Hände verzichten?

Er bleibt vor mir stehen und zieht eine Patientenakte hervor, die unter seinem Arm klemmt. »Saskia, ich bräuchte mal Ihren psychologischen Rat …«

Ha! Ist das zu glauben? Diesen Tag kann ich mir im Kalender dreimal rot anstreichen. Das ist eine Premiere! Seit ich in dieser Klinik arbeite, hat er mich nie nach irgendetwas gefragt, nicht mal nach der Uhrzeit. Das hätte in seinen Augen wohl seinen Status als Halbgott in Weiß gefährdet, schließlich ist er Arzt, und ich bin nur die überflüssige Psychotrulla.

Okay, seinen Status als besonders attraktiver Halbgott in Weiß. Hach!

»Gern«, erwidere ich honigsüß lächelnd. »Worum geht's denn? Um einen Patienten – oder ist es *was Privates*?«

»Ah, Sie haben's also schon gehört …«, seufzt er.

»Gleich gestern Morgen, da hatte ich noch nicht mal den ersten Kaffee in der Hand!«

Mürrisch sortiert er die Blätter in der Patientenakte. »Hier bleibt auch nichts geheim.«

»Was hatten Sie erwartet? Wie kommt man auf die Idee, in einem Krankenzimmer zu übernachten? Warum gehen Sie nicht ins Hotel, wenn Ihre Freundin Sie rauswirft?«

»In Köln ist grad Anuga, Lebensmittelmesse. Versuchen Sie da mal, ein freies Zimmer zu bekommen.«

»So ein Pech aber auch! Und, wie ist der Zimmerservice in unserer Klinik so?«, bohre ich weiter. »Lag ein Leckerchen auf dem Kissen? War es blond?«

Dr. Sittler wechselt elegant das Thema, indem er mir die Patientenunterlagen in die Hand drückt. »Frau Nettekoven auf Zimmer 328, die alte Dame ist ein wenig verwirrt.«

Ich werfe einen Blick auf die Unterlagen. »War sie vorher schon dement?«

»Ich dachte, das könnten Sie mir verraten.«

»Dann muss ich sie mir aber schon vorher mal anschauen. Wann sollen wir zu ihr? Jetzt?«

Dr. Sittler zögert, auf einmal wirkt er verunsichert. »Ah, vielleicht ist es besser, wenn Sie erst mal allein zu ihr gehen.«

»Warum?«, frage ich überrascht. Mit den anderen Ärzten gehe ich immer gemeinsam zu den Patienten. Was gibt es für ein Problem? Was soll das Ganze?

»Sagen wir, um sich unvoreingenommen einen Eindruck zu verschaffen«, erklärt er.

»Und wir beide, Sie und ich …?«

»Wir treffen uns danach. Und unterhalten uns.«

»Wir *unterhalten uns* …«

»Äh, ja.«

»Etwa in Ihrem … Hotelzimmer?«

»Warum nicht. Meine Tür steht Ihnen immer offen!«

Er gibt mir zum Abschied die Hand und sieht mich an. Dieser melancholische Blick, diese sanften braunen Augen. Was ist das, flirten wir gerade? Kann er auch anders gucken, vielleicht so, dass Frauen nicht gleich weiche Knie bekommen?

Aber wieso will er nicht mit zu Frau Nettekoven kommen? Er kann schließlich jede Frau um den Finger wickeln, da sollte es ihm auch bei einer alten Dame von fast neunzig Jahren gelingen.

40

8.

»Schön habt ihr's hier!«, schwärmt meine Schwester, als sie aus ihrem Cabrio steigt, das sie mit eingeschlagenen Rädern schwungvoll unter einer der Linden geparkt hat.

Katja ist gekommen, um das Haus zu besichtigen, und bei der Gelegenheit stellt sie uns auch ihren neuen Kerl samt dessen Hund vor.

Ist der süß! Den könnte sie mir auch mal zum Spielen leihen. Den Freund, meine ich. Karim ist Halbmarokkaner, so viel hatte Katja mir schon verraten. Diese Olivenhaut ist einfach nur zum Dahinschmelzen, und bestimmt lauert unter seinem T-Shirt ein sensationelles Sixpack. Lässig schiebt er die Sonnenbrille auf den raspelkurz geschorenen Schädel. Ist es ein Wunder, dass sie ihre Finger nicht von ihm lassen kann? Sie umarmt ihn und lässt ihre Hand gleich auf seinen Knackarsch rutschen, dabei grinst sie übermütig. Angeberin.

Aber was für eine verzogene Töle ist Karims Hund? Der Langhaarterrier zieht und zerrt an der Leine und kläfft sich die Seele aus dem Leib. Hoffentlich pinkelt er uns nachher nicht vor Panik auf den Teppich.

»Winston, hör auf! Still!«, versucht Karim den Hund zu bändigen. Während Katja mit Achim und mir Küsschen austauscht,

41

beugt er sich zu Winston herunter, um ihn zu beruhigen, doch der sträubt sich weiter, mit einem wütenden Knurren stemmt er sich in sein Halsband.

Katja verdreht genervt die Augen. »Karim ...«, sagt sie nur, und nun knurrt auch der, mürrisch nimmt er Winston auf den Arm und trägt ihn zu Katjas Cabrio.

»Nicht ins Auto, Karim, sonst ruiniert er die Sitze!«

Karim schaut sie erst fragend an, dann trägt er den kläffenden Winston zur Remise hinüber.

Respekt, den hat sie aber gut dressiert. Obwohl sie erst wenige Wochen zusammen sind, gehorcht er ihr bereits aufs Wort.

Obwohl Katja meine jüngere Schwester ist, sind wir komplett verschieden. Ihr Männerverschleiß ist bemerkenswert. Hat sie es jemals länger als ein Jahr mit einem Typen ausgehalten? Ich kann mich nicht erinnern. Die meisten wurden von ihr mehr oder weniger höflich verabschiedet, sobald auch nur andeutungsweise die Möglichkeit einer gemeinsamen Wohnung ins Gespräch gebracht wurde. Ich glaube, ihr Cabrio ist ihr einfach wichtiger als Kerle.

Aber obwohl sie der hartnäckigste Single ist, den ich kenne – meine Kinder liebt sie. »Wo ist Lukas, wo ist Kim, wo stecken die beiden?«, drängelt sie schon.

Doch bevor ich sie rufe, sollte Karim erst den Hund beruhigen, sonst beißt er sie womöglich noch. Außerdem habe ich grad keinen Schimmer, wo sie gerade stecken. In diesem Riesenhaus verliert man so schnell den Überblick. Sonst stürzen sie sich immer gleich auf ihre Lieblingstante.

Karim hat Winston an einem Türgriff der Remise angeleint. Der Terrier scheint sich endlich zu beruhigen und legt sich auf den Kies. Aber noch immer spitzt er misstrauisch die Ohren.

Auf dem Weg ins Haus zupft Katja an Karims T-Shirt herum, und er streicht ihr über die Seite, dann küssen die beiden sich, Katja grinst verschmitzt, ehe sie nach seiner Hand greift und wir gemeinsam hineingehen.

Wie schön junge Liebe ist. Schon wieder hängen die beiden aneinander. Früher war das bei uns genauso. Wenn wir abgespült haben, ging es schon los, sobald Achim das Wasser einließ. Ein paar Spritzer Spüli, und schon hatte ich Schaum an der Nase, wir haben herumgealbert, uns geküsst und geneckt. Der Abwasch endete nie trocken – und dann sind wir schnell raus aus den nassen Sachen. Und heute? Da haben wir eine Geschirrspülmaschine.

Als ich die Haustür hinter uns zuziehe, geht das Gekläffe wieder los. Karim seufzt mitleidig. Ich fürchte, er hat ein schlechtes Gewissen, weil sein Hund sich dort draußen so sehr quält.

Katja ignoriert das demonstrativ. »Was habt ihr nur für ein Glück«, ruft sie begeistert, nachdem sie sich umgeschaut hat.

Achim lächelt stolz. »Warte erst mal, bis du das Wohnzimmer siehst.«

Sogar dort ist Winstons Bellen noch überdeutlich zu hören, es wird zwar heiserer, aber auch verzweifelter. Allmählich beginne ich, Mitleid mit dem armen Hund zu bekommen. Das ist doch nicht normal, irgendetwas muss dort draußen sein, das ihn kirre macht.

»Kim? Lukas?«, rufe ich.

»Gleich«, antwortet Kim, aber dem gequälten Tonfall nach zu urteilen, kann »gleich« alles zwischen zwei Minuten und zwei Stunden bedeuten. Von Lukas – keine Spur. Ich tippe, er spielt draußen im Garten und vergisst mal wieder die Zeit.

In der Küche ist Winstons Kläffen in ein verzweifeltes Winseln übergegangen. Karim wirft einen Blick aus dem Fenster, und ich schließe mich an. Vor der Remise dreht der Terrier sich hektisch im Kreis, sodass die Leine sich aufdreht. Sie wird kürzer und kürzer.

»Katja, schau …«, murmelt Karim flehend.

»Meine Güte, der stranguliert sich gleich«, stellt Achim fest.

Die beiden Männer gehen hinaus, und während ich schon mal unsere Kaffeemaschine in Gang setze, versuchen sie den armen Winston zu beruhigen. Plötzlich schnappt er nach der Hand meines Mannes.

»Autsch«, höre ich Achim draußen rufen.

Ich schließe die Augen. Da will ich endlich meiner Schwester unser schönes, neues Heim präsentieren und dann das. Achims Tetanus-Impfung steht noch aus, die letzte ist zwölf Jahre her. Wie oft habe ich gesagt, er soll sie auffrischen lassen.

Während ich meinen Mann ins Krankenhaus fahre, bringen Katja und Karim ihren durchgeknallten Köter nach Hause. Als er ins Auto steigen durfte, war er plötzlich lammfromm, man könnte fast meinen, Karim hätte ihn darauf dressiert. Aber vielleicht ist er auch nur scharf aufs Autofahren. Babys schlafen schließlich auch hervorragend, sobald sie umherkutschiert werden. Und vielleicht ist Winston so was wie ein Kindersatz für die beiden.

Damit ist der Familiennachmittag beendet, bevor Lukas und Kim ihrer Tante auch nur »Guten Tag« sagen konnten.

9.

»Mama? Papa?«

»Hm?« Nur mit Mühe schaffe ich es, die Augen aufzubekommen.

Neben mir wälzt Achim sich ächzend in Richtung Nachttischlampe. Er tappt mehrmals daneben, ehe er endlich den Schalter trifft.

Meine verkleisterten Augen erkennen mit Mühe unseren Sohn, der verschüchtert in der Schlafzimmertür steht.

»Lukas ... Was ist?«, gähne ich.

»Da ... da ist was.«

»Wo denn? Was denn? Komm her ...«

Lukas trottet zu mir ans Bett. »Na, unten. Im Flur. Weiß auch nicht. Ich hab was gehört.«

Er wirkt vollkommen verstört. Wahrscheinlich hat er schlecht geträumt. Vielleicht verunsichert ihn die neue Umgebung, das neue Schlafzimmer, die vielen neuen Geräusche. Ich nehme ihn in den Arm. »Keine Angst, du wirst sehen, es ist nichts. Papa schaut bestimmt gleich nach.«

Papa kann gerade noch den Fluch unterdrücken, der ihm über die Lippen rutschen will, missmutig grunzend quält er sich aus dem Bett und schlurft aus dem Schlafzimmer. Als er zurückkommt, tätschelt er Lukas gähnend den Kopf. »Da ist nichts, mach dir keine Sorgen.« Dann legt er sich wieder hin.

Lukas klettert zu uns ins Bett.

Na toll. Wie es scheint, hört er nachts jedes Blatt, das draußen vom Baum fällt. Ich fürchte, dies wird nicht der letzte nächtliche Besuch bleiben.

Und mein Mann greift öfter zum Bier. Wissenschaftliche Forschungen haben ergeben, dass der Hopfen im Bier nachhaltig den männlichen Sexualtrieb dämpft. Das habe ich neulich recherchiert. Was mein weiteres Liebesleben betrifft, sollte ich mir keine allzu großen Illusionen mehr machen.

10.

Wer futtert mir verdammt noch mal andauernd den Käse weg? Jetzt ist auch der Allgäuer Bergkäse verschwunden, über Nacht, und zwar das komplette Stück.

Ich schließe den Kühlschrank. Brotkrümel zieren den Küchentisch, Teller und Messer liegen benutzt in der Spüle. Kein Zweifel, hier hat jemand gestern noch spät zu Abend gegessen. Ich war's aber nicht, ich hatte keine nächtliche Fressattacke, dieses Mal bin ich mir absolut sicher. Aber wer aus der Familie war es dann? Und warum sagt mir keiner rechtzeitig Bescheid? Dann kaufe ich mehr ein. So einfach ist das.

Hinter mir klimpert Glas, dann spüre ich, wie Achim mich auf den Nacken küsst. »Saufziege.«

Ich drehe mich um, und schon baumeln direkt vor meiner Nase zwei leere Bierflaschen. Achim hält sie mir grinsend hin.

»Denkst du, *ich* hab die getrunken?«, frage ich verwirrt.

»Also, *ich* war's nicht!«

»Ich auch nicht. Warst du heute Nacht am Käse?«

»Nein.«

Achim runzelt die Stirn, ein paar Augenblicke lang stehen wir uns schweigend gegenüber. Danach geht alles sehr schnell.

»Sch-ll-ll-ll!«, meldet sich die Maklerin.

Wir wussten, dass die Frau ohne Zweifel ein Alkoholproblem hat. Aber so früh am Morgen ist sie schon so betrunken? Das schafft man nicht mit Prosecco, da müssen härtere Drogen im Spiel sein.

Vorbei an dem Schlüsseldienst, der das Schloss in unserer Eingangstür wechselt, gehe ich ins Haus. »Frau Schüller, hier ist Frau Baumann. Sie erinnern sich …?«

Das unartikulierte Lallen auf der anderen Seite interpretiere ich mal als ein Ja.

»Schön. Frau Schüller, wir haben den Verdacht, dass jemand bei uns im Haus war … Natürlich ein Fremder, was denn sonst? Wenn *wir* im Haus sind, ist das nicht das Problem … Frau Schüller, bei uns ist ein ganzer Kasten Bier leer … Nein, das war nicht mein Mann! … Nein, Frau Schüller, auch nicht heimlich!«

Spinne ich? Ausgerechnet diese Saufnase will mir weismachen, dass mein Mann heimlich trinkt? Aber bin ich die Betty-Ford-Klinik? Meinetwegen kann sie bis zur Leberzirrhose so weitermachen, mich interessiert nur eines: dass heute Nacht ein Fremder bei uns im Haus war!

»Frau Schüller, ich frage Sie: Hat sonst noch jemand einen Schlüssel zu unserem Haus?«

Sie ist echt nur sehr schwer zu verstehen.

War das jetzt ein Nein?

Ich frage lieber noch mal nach: »Ehrlich nicht? Wir haben alle Schlüssel? Gut, uns fehlt aber noch ein weiterer Schlüssel, der zu der Holztür im Keller. Frau Schüller? Hallo?«

Ich starre verwundert auf das Telefon: Die Leitung ist stumm.

»Was ist?«, fragt Achim.

»Sie hat aufgelegt, einfach so.«

Ich wähle erneut ihre Nummer. Sie geht nicht ran. Auch beim nächsten Versuch meldet sich wieder nur ihre Mailbox. Teufel Alkohol. Schlimm, was er aus den Menschen macht. Ist sie ins Koma gefallen, liegt sie vielleicht schon röchelnd in ihrem eigenen Erbrochenen? Müssen wir auch noch den Notarzt rufen? Aber so betrunken klang sie nun auch wieder nicht, dass sie Gefahr liefe, gleich ins Koma zu fallen. Sie konnte immerhin noch sprechen.

»Diese Hyäne!«, schimpfe ich. »Vier Prozent Courtage – und dafür haben wir noch nicht mal alle Schlüssel!«

Derweil klappt der Mann vom Schlüsseldienst seinen Werkzeugkasten zu und steht auf. »Ich mach dann mal die Rechnung.«

»Schatz, beschwer dich nicht«, versucht Achim mich zu beruhigen. »Nüchtern hätte sie uns das Haus nie zu diesem Preis gegeben.«

Es ist immer wieder beeindruckend, wie er allem noch etwas Positives abgewinnen kann. Würde ein Meteoriteneinschlag auf der Erde einen globalen Winter verursachen – Achim würde sich freuen, dass er die Sonnencreme spart.

»Macht 290 Euro«, unterbricht uns der Mann vom Schlüsseldienst.

Ich drehe mich zu ihm um. »Äh, bitte was?«

»Schloss auswechseln, neuer Schließzylinder, vier Ersatzschlüssel, hinzu kommt die Anfahrt: 290 Euro.«

»Darf ich …?«

Ich schaue auf den Rechnungsbeleg. Tatsächlich, da stehen eine 2, eine 9 und eine 0. Mir bleibt die Spucke weg. 290 Euro für eine Viertelstunde Arbeit. Weshalb schimpfe ich da über unsere Maklerin? Das hier ist doch wohl erst recht Wucher!

Während Achim und ich unsere Portemonnaies plündern, um die Rechnung zu bezahlen, zieht der Handwerker vergnügt pfeifend sein Handy aus der Tasche und checkt die Notrufe, die in der Zwischenzeit aufgelaufen sind. Bestimmt die nächsten zwei-, dreitausend Euro.

Achim und ich legen unser Bargeld zusammen, er nimmt es, bedankt sich und geht.

Ich stupse Achim an. »Aber Schatz, was machen wir mit der Holztür im Keller? Kann er die nicht noch aufmachen?«

»Niemals!«, knurrt er. »Bevor ich noch einmal diesen Schlüsseldienst beauftrage, eröffne ich lieber selbst einen!«

Wenigstens ist unsere Haustür wieder sicher. Erleichtert fahre ich zur Arbeit. Und es macht fast keinen Unterschied, dass ich viel zu spät dran bin: Wieder weint Chiara Pütz. Dieses Mal ist es zwar eher ein leises Wimmern, aber die Tränen strömen nur so. Hört das denn nie auf? Die ist ja der reinste Wasserfall: *Niagara* Pütz.

Andererseits: Wenn man weiß, dass sie so empfindlich ist – da kann man auch mal Rücksicht nehmen als Stationsschwester. Wir wollen in dieser Klinik schließlich respektvoll zusammenarbeiten, auch mit Marzipanschweinchen.

»Schwester Regine …«, beginne ich meine Tirade.

Doch sie hebt abwehrend die Hände. »Ich bin raus, ich war's nicht.«

»Aber – wer dann …?«

»Keine Ahnung. *Sie* sind die Psychotante, reden *Sie* doch mit ihr.«

Steht Mülleimer auf meiner Stirn geschrieben? Bin ich dazu da, meinen eigenen Kolleginnen und Kollegen das Händchen zu halten, während sie sich bei mir ausheulen dürfen? Echt … Als hätte ich nichts Besseres zu tun! Genau das nervt an diesem Job. Jeder meint, dich mit irgendwelchem Kram behelligen zu dürfen.

Das Problem ist: Ich habe gerade tatsächlich nichts Besseres zu tun. Also halte ich Chiara das Händchen, während sie sich bei mir im Büro ausheulen darf. Sie sitzt neben mir auf der Couch.

»Ich dachte, er liebt mich!«, heult sie los.

»Dr. Sittler?«

»J-j-jaaa.«

Hab ich's geahnt? Unser klinikeigener George Clooney ist mal wieder das Problem.

»Chiara, wie lange geht das denn schon?«

»Wir waren zusammen im Bett …«, schluchzt sie.

»Wie oft?«

»Was sag ich denn?«, mosert sie mich an, als wäre ich schwer von Begriff. »*Wir waren zusammen im Bett.*«

»Das heißt, äh – *einmal*, nur ein einziges Mal?«

»Ja. Reicht doch wohl, oder?«

»Und da dachten Sie …?«

»J-j-jaaa!«, beginnt sie wieder zu heulen.

»Chiara … Einmal, das … das ist doch nicht Liebe!«

»Wwwaaaah!«

Man mag mich abgebrüht nennen, aber das ist schon ein wenig naiv, oder? Ja, es stimmt: Dr. Sittler ist ein gnadenloser Aufrei-ßer. Aber wenn ein One-Night-Stand unter Kollegen jedes Mal gleich zu einem Nervenzusammenbruch führen würde, herrje, dann müssten Weihnachtsfeiern ab sofort strikt verboten werden, manche Firmen wären komplett lahmgelegt, in Schulen müsste man den Kartenraum verschließen und verrammeln …

Aber Ärzte, die sind die Schlimmsten! Vom ersten Tag an halten die sich für ein dreibeiniges Geschenk Gottes an uns. Und benehmen sich auch so. Wird über so etwas auf der Schwesternschule nicht mehr geredet? Vielleicht sollte man Schwestern gleich bei ihrer Einstellung den Warnhinweis mitgeben: *Sex mit dem Stationsarzt verletzt Ihre Gefühle und kann zu gebrochenem Herzen führen.*

Was mache ich jetzt mit Niagara Pütz?

Soll ich ihr den Kopf waschen, einen Vortrag über Mistkerle mit Doktortitel halten? Die weibliche Solidarität siegt. »Weinen Sie nicht«, versuche ich sie zu trösten. »Sie sind so jung und so hübsch.«

»Danke«, schnieft Chiara.

»Was wollen Sie mit ihm? Er ist herzlos und gemein, außerdem ist er doch viel zu alt für Sie …«

»Finden Sie?«

»Klar! So attraktiv ist der Sittler nun auch wieder nicht! Ehrlich, ich würde um den nicht lange trauern. Es gibt bessere Kerle …«

Und je länger es dauert, desto mehr frage ich mich: Was erzähle ich hier für einen grandiosen Quatsch? Die Wahrheit ist: Jede Frau würde Dr. Sittler hinterherweinen. Dafür muss man kein sterbendes Marderweibchen sein.

Aber, oh Wunder! Meine kleine Rede hilft. Das Marzipanschweinchen schnieft noch ein paar Mal leise, bevor es von meiner Couch aufsteht.

Als es mein Büro verlässt, hat es sich wieder einigermaßen gefasst.

Schwester Regine berichte ich nur so viel: »Ich habe Chiara Pütz geraten, sich ein paar Tage krankschreiben zu lassen.«

»Ach, Sie sind ein Engel«, ruft sie erleichtert aus. »Gern auch ein paar Jahre!«

Wie ich es unserem Herzensbrecher vom Dienst versprochen hatte, statte ich danach Frau Nettekoven in Zimmer 328 einen Besuch ab.

Mich empfängt eine vornehme alte Dame von schmaler Statur und feinen Gesichtszügen. Sie muss, als sie jung war, eine sehr schöne Frau gewesen sein. Doch seltsam: Auf mich macht sie überhaupt keinen verwirrten Eindruck.

Ich unterhalte mich mit ihr, stelle ein paar Fragen.

Sie kennt ihren Namen, weiß, wo sie sich befindet, und auch, in welchem Jahrhundert. Das ist schon sehr viel wert. Ihr Kurzzeitgedächtnis hat zwar ein wenig gelitten, das halte ich bei dem Fraß in diesem Krankenhaus aber eher für eine gesunde Abwehrreaktion. Läge ich hier als Patientin, dann würde ich auch schnellstmöglich vergessen wollen, was es zu Mittag gab. Darüber hinaus zeigt sie für eine Frau ihres Alters keine anormalen Symptome.

Diagnose: keine. Was hat Dr. Sittler nur mit ihr?

11.

Auf einmal bin ich hellwach. Der Wecker auf dem Nachttisch zeigt 0:31 Uhr. Ich setze mich im Bett auf und lausche: Da haben ganz klar Flaschen geklirrt. Das kann ich nicht geträumt haben.

»Achim, Achim! Hast du das auch gehört?«

Hat er nicht. Achim macht selbst Geräusche: Er schnarcht leise vor sich hin. Ob ich ihn wecken soll? Es kann niemand im Haus sein, wir haben doch gerade erst das Schloss auswechseln lassen. Könnte es ein Tier gewesen sein, ein Vogel, ein verirrtes Eichhörnchen? Oder etwa eine Ratte? Igitt, wenn ich nur daran denke … Am liebsten würde ich mich ganz schnell wieder unter der Bettdecke verkriechen.

Ich versuche es wieder. »Achim …?«

Doch mein Gatte schläft tief und fest. Dann will ich ihn auch nicht wecken. Also steige ich aus dem Bett und schleiche zur Tür. Irgendein Geräusch kommt aus dem Erdgeschoss. Bestimmt ist die Ursache ganz harmlos. Ein Ast vielleicht, der gegen eines der Fenster schlägt, oder der Kühlschrank rappelt, wenn er anspringt. Bestimmt kein Grund, sich Sorgen zu machen. Aber wenn ich jetzt nicht nachschaue, dann werde ich den Rest der Nacht wach daliegen und auf jeden Mucks achten.

Nein, ich muss herausfinden, was da los ist.

54

Wo sind meine Findet-Nemo-Puschen, die plüschigen Clown-fische mit den Glupschaugen? Ohne die gehe ich keinen Schritt.

Meine Mutter hatte sie mir damals vor Kims Geburt ge-schenkt, sie haben mich durch zwei Stillzeiten begleitet, bei zah-nenden Kindern und Infekten jedweder Art ihre Wunder ge-wirkt. In denen haut mich nichts um, und wenn ich sie an den Füßen trage, würde ich es mit jedem Monster unter dem Bett aufnehmen. Jede Mama sollte solche Schuhe haben!

Erst taste ich mich den Flur entlang, dann gehe ich vorsichtig, Schritt für Schritt die Treppe hinunter. Hoffentlich knarzen die Stufen nicht. Endlich bin ich unten angekommen.

Aus dem Wohnzimmer scheint ein fahles Licht. Ich blicke um die Ecke: Der Fernseher ist noch an. Und es läuft …

Also bitte, wer schaut denn so was?

Irgendein Nachtprogramm, halb nackte Frauen beim Bow-ling, und wer eine Pumpe wirft, muss sich ausziehen. Es ist so geschmacklos wie lächerlich, und doch muss man immer wie-der hinschauen.

Welcher Sender ist das überhaupt? Aha, Sportfernsehen. Inte-ressant, was Männer alles unter Sport verstehen. Wahrscheinlich hat Achim vergessen, den Fernseher auszuschalten. Oder findet er diese armseligen Hupfdohlen mit ihren operierten Dingern etwa schön?

Von hinten tippt mir eine Hand auf die Schulter. »Öl is' alle.«

»Was, wieso Öl? Wir heizen mit Gas.«

Gebannt schaue ich weiter den Mädels beim Bowling zu. Das zweite Mädel verfehlt die Bahn, zur Strafe entledigt sie sich ihres BHs, und um sie herum kichern alle kindisch.

Ist das blöd.

Wieder tippt mir die Hand auf die Schulter. »Nein, nicht *der* Öl. *Die* Öl.«

»Mann, Achim ...«, schimpfe ich und drehe mich um. »Sag mal, guckst du diesen ...?«

Das zweite Mal in dieser Woche baumeln direkt vor meiner Nase zwei leere Bierflaschen. »Öl, dass iss Sswedisch und heißt Bier.«

Nein, das ist nicht Achim.

Achim lispelt nicht.

Achim sieht auch anders aus.

Vor mir steht ein wildfremder Kerl mit grauen Haaren, Kinnbart und hochgezwirbeltem Schnäuzer. Er trägt lederne Stulpenstiefel und eine enge Reiterhose, dazu ein vergilbtes Leinenhemd und einen langen Mantel. Seinen breiten Räuberhut zieren zwei lange Federn. Er sieht aus wie einer von den drei Musketieren, der aber schon das Rentenalter erreicht hat.

Das ist kein normaler Einbrecher.

Dieser Mensch ist nicht von dieser Welt.

Ich schreie so laut ich kann.

Der alte Zausel legt mahnend den Finger an die Lippen. »Sssst! Ssonst tun die Kinder aufwachen!« Er spricht wie der dänische Koch aus der Muppet Show.

Oben reißt Achim laut hörbar unsere Schlafzimmertür auf, poltert die Treppe herunter und schlittert über den glatten Boden im Flur. Schon steht er atemlos neben mir im Wohnzimmer. Er blickt den Kerl in den Stulpenstiefeln an, dann mich und dann wieder diesen alten Kerl.

»Wer ist das?«, keucht er außer Atem.

Der Zausel stellt einen Fuß nach hinten und verbeugt sich

56

zu einem perfekten Diener, bevor er in einer weit ausladenden Geste seinen Hut durch die Luft schwenkt. »Gestatten? Gustaf Birger Gunnarsson, Freiherr ssu Rotthoven. Ich wohne hier sson sseit vierhundert Jahren.«

Da ist er, der Haken.

»Alter Schwede«, entfährt es Achim. Er versucht den alten Zausel anzufassen, doch seine Hand flutscht durch ihn hindurch, als wäre er Luft.

»Das … Das kann nicht wahr sein«, stammle ich. »Das ist ein Trick, das geht nicht. Es gibt keine Gespenster!«

»Nicht …?«

Freundlich lächelnd greift der alte Zausel sich in die Haare, reißt sich den Kopf ab und wirft ihn ein paar Mal in die Luft. Nachdem er den Schädel wieder aufgefangen hat, klemmt er ihn sich unter den Arm, wo sein Mund freundlich spricht: »Nu' übersseugt?«

Mein gesamtes Blut sackt in den Magen, mir wird so schwindlig, dass ich mich setzen muss. Auch Achim greift nach einer Stuhllehne, um sich daran festzuhalten. Er ist leichenblass.

Ausgerechnet jetzt trapsen Lukas' kleine Füße die Treppe herunter, er taumelt schlaftrunken durch den Flur.

Die Kinder! Auf gar keinen Fall dürfen die das sehen.

»Lukas, bleib draußen«, rufe ich.

Zu spät. Schon steht der kleine Mann in der Tür und starrt staunend den alten Zausel an, der seine Akrobatiknummer fortsetzt, indem er die Arme ausbreitet und seinen Kopf von der rechten Hand über Arme und Schultern weiter auf die linke Hand rollen lässt. Dann setzt er ihn sich wieder auf den Hals und grinst zufrieden.

»Hej!«, ruft er.

Entsetzt schaue ich Lukas an: Das muss für ihn ein Schock fürs Leben sein, und Kinder kann so etwas schwer traumatisieren, das kriegt man womöglich nie wegtherapiert.

Doch Lukas – lacht!

»Da ist der alte Mann ja«, jubelt er, und ehe ich ihn festhalten kann, dreht er sich um und schießt die Treppe hoch. »Kim, Kim! Steh auf, das musst du sehen! Kiiim …!«

Der alte Zausel stellt sich vor uns in die Wohnzimmertür und versperrt uns damit den Weg in den Flur, interessiert schaut er zur Treppe hinüber.

»Ah, es gibt noch eine Ss'wesster?«

Gähnend taucht Kim am Treppenabsatz auf, woraufhin Gustaf zur Begrüßung galant den Hut lupft. Nur leider hängt sein Kopf noch daran und lacht höhnisch.

Mädchen in Kims Alter haben leider keinen so stabilen Kreislauf: Sie reißt panisch die Augen auf, dann kippt sie um. Achim und ich stürzen zu ihr, um ihr zu helfen.

Wir haben ein Gespenst. Jetzt wissen es auch die Kinder.

Nachdem wir Kim ins Bett getragen haben und sie eingeschlafen ist, trauen wir uns wieder ins Wohnzimmer hinunter. Doch der alte Zausel ist bereits wieder verschwunden.

12.

Gespenst, das
[althochdeutsch gispensti, »Täuschung, Verlockung«] Gespenster werden zu den übernatürlichen Phänomenen gezählt. Dem Volksglauben nach handelt es sich bei ihnen um die Seelen Verstorbener, die in Menschengestalt umherirren. Sie können ihren Frieden nicht finden, weil sie z. B. noch eine Aufgabe erledigen oder von einer schweren Schuld erlöst werden müssen. Die seriöse Wissenschaft bezeichnet solche Erscheinungen als Aberglaube, Ursache können Halluzinationen oder Sinnestäuschungen sein.
Die Psychologie sieht in Gespenstern eine Projektion des Unbewussten, sie sind Ausdruck erlittener Traumata und/oder unbewusster Konflikte.

siehe auch:
→ Bielefeld-Verschwörung → Elvis lebt
→ Zombies → Untote → Christian Rach

So steht es in meinem guten, alten psychologischen Wörterbuch. Demnach hätten wir alle schlicht einen an der Waffel. Nicht nur ich, auch meine gesamte Familie. Und ob es mir nun passt oder nicht, ich muss bei uns allen schwere Halluzinationen feststellen.

Mein Mann steht neben mir in der Küche. Während er sich einen Kaffee kocht, stelle ich die Milch für Lukas' Kakao auf den Herd. Wir schweigen.

Haben wir das heute Nacht wirklich erlebt?

Gespenster, so ein Stuss. Alles nur Aberglaube, solche Erscheinungen sind was für hysterische Kräutertanten, die ihren Namen tanzen und Bäume umarmen, aber doch nicht für mich. Ich bin Psychologin, Vernunft ist mein zweiter Vorname, ich darf schon von Berufs wegen nicht an so was glauben.

Gespenster sehen – das ist keine Begabung, sondern eine Diagnose!

Doch dann steht nachts auf einmal eines bei mir im Wohnzimmer und spielt mit seinem eigenen Kopf Jo-Jo. Das kann doch nicht wahr sein! Aber wer weiß, vielleicht habe ich alles auch nur geträumt, es war meine eigene Projektion, und bald lache ich schon darüber. So mache ich mir selbst Hoffnung, bis Lukas in die Küche stolziert und kämpferisch ein Spielzeugschwert schwingt.

»Wo ist der Geist, Mama?«

Ihm folgt Kim. Blass, fahl und hohlwangig schleicht sie in die Küche. Sie sieht selbst aus wie ein Gespenst. Ich wette, sie hat den Rest der Nacht kein Auge mehr zugetan. Zusammengesunken wartet sie auf ihrem Stuhl, bis unser kleiner Ritter mit seiner Parade fertig ist. »Mama, das ist peinlich!«, jammert sie.

»Ich weiß, Kim.«

»Den gibt es gar nicht wirklich, oder?«

»Ich weiß es doch selbst nicht …«

»Der soll verschwinden! Sagt ihm das!«

Achim dreht sich zu uns um und versucht zu beschwichtigen. »Ach, alles halb so wild …«

»Halb so wild?«, fauche ich.

»Ja, ihr wisst doch, was *Pu der Bär* immer sagt: Es gibt Schlimmeres im Leben. Ich weiß zwar nicht, was, aber – es gibt Schlimmeres!«

Stolz über so viel Weisheit lächelt er in die Runde, doch Kim verdreht nur genervt die Augen. »Oh, Papa!«

Mist, autsch! Jetzt habe ich mir auch noch die Finger an der Herdplatte verbrannt. Es tut höllisch weh. »Scheiße, Mann!«, fluche ich lauthals und wedele mit der Hand. »Was soll denn noch schlimmer sein, Achim? Was? Der Typ ist über vierhundert Jahre alt – was wird er tun? Bringt er uns um? Spioniert er uns nach? Ich habe so meine Zweifel, ob er den Müll rausbringt und im Sitzen pinkelt. Du hast eine vierzehnjährige Tochter, da will ich gar nicht dran denken … Dieses Gespenst ist eine Katastrophe!« Mein Finger brennt immer noch. »Ach ja, und noch was: Hör endlich auf mit *Pu der Bär*, ich hasse *Pu der Bär*. *Pu der Bär* ist ein Idiot!«

Oje, was habe ich da nur wieder angerichtet? Habe ich tatsächlich gerade *Pu der Bär* hingerichtet? Vor den Augen meiner eigenen Familie?

Alle stehen da und starren mich an, Kim murmelt: »Mama, deeskalier' mal.«

Den Satz hat sie von mir. Damit beruhigt man als Psychologin gern mal Menschen, wenn sie im Begriff sind durchzudrehen.

So weit ist es also schon gekommen. Dieses Gespenst ist gerade erst aufgetaucht, und ich bin bereits auf bestem Wege, den Verstand zu verlieren. Ausgerechnet ich – die Mama, die immer alles im Griff hat und sich um alles kümmert. Das geht nicht, das darf nicht sein! Wir brauchen eine Lösung – und zwar sofort!

»Lukas, Kim: Kommt mit«, befehle ich. Dann gehe ich voraus und renne die Treppe hoch in unser Schlafzimmer. Oben auf dem Kleiderschrank liegt noch der letzte Koffer, den wir beim Umzug benutzt haben. Ich steige auf einen Hocker, um ihn herunterzuholen.

Meine Familie steht in der Tür und starrt mich an.

»Was soll das werden, Saskia?«, fragt Achim.

Ich wuchte den Koffer vom Schrank und werfe ihn aufs Bett, dann steige ich vom Hocker. »Keine Minute länger bleibe ich in diesem Haus! Nicht, solange dieses Gespenst da ist, ich bin doch nicht wahnsinnig. Kinder, packt eure Sachen!«

»Aber wo willst du denn hin?«

»Hotel, Bahnhofsmission – egal! Zur Not schlafe ich unter der Brücke.«

Achim spricht auf einmal sehr sanft und bestimmt. »Beruhige dich doch, Saskia. Wir ... Wir müssen vernünftig sein.«

Vernünftig. Wenn mein Mann *das* zu mir sagt, dann ist es *wirklich* schlimm. Normalerweise ist er derjenige, der für Quatsch, Kindereien und andere Katastrophen zuständig ist. Ich sacke auf der Bettkante zusammen. »Ich weiß doch auch nicht ... Achim, was sollen wir denn jetzt tun? Was machen wir mit diesem Gespenst?«

Ich möchte, dass er sich neben mich setzt, mich in den Arm nimmt und tröstet. Und dann finden wir vielleicht gemeinsam eine Lösung, egal welche. Im allerschlimmsten Fall, wenn zum Beispiel die Bahnhofsmission geschlossen hat oder unter der Brücke kein Platz ist, ziehen wir eben zu meiner Mutter.

Doch Achim zuckt nur gelassen mit den Schultern. »Was wir machen? Ich kaufe ihm neues Bier.«

13.

In der Klinik dürfen sie nie davon erfahren! Wenn ich den Kollegen erzähle, dass ein Gespenst bei uns im Haus wohnt, dann schicken sie mich gleich in Therapie, dann sitze ich drei Monate lang in der Klinik, und danach bin ich meinen Job los. Nein, aus professioneller Sicht darf es keinen Gustaf geben. Er muss geheim bleiben. Gespenster existieren nicht. Punkt.

Ich schleiche auf die Innere Station. Zum Glück rennt heute kein Marzipanschweinchen weinend über den Flur. *Niagara* Pütz ist offenbar meinem Rat gefolgt und hat sich krankschreiben lassen, also nehme ich mir meinen Kaffee und raunze in weiser Voraussicht Schwester Regine an. »Ich bin nicht zu sprechen.«

Ich will einfach nur meine Ruhe.

Wie in Trance schleppe ich mich die Treppe hinunter zu meinem Büro und ziehe die Tür hinter mir zu. Dass die Krankenhausverwaltung mir die obligatorische Psychologencouch hingestellt hat, die ich nie nutze, kommt mir an diesem Morgen sehr entgegen. Nur mal kurz hinlegen und die Augen schließen, ein kleines Powernapping einlegen, dann geht's mir vielleicht besser …

Ein weiß gewandetes Wesen steht vor meinem Bett und will mich wach rütteln. »Saskia …? Saskia!«

»Hau ab, weg! Dich gibt's nicht«, murmele ich im Halbschlaf. Doch das Wesen bleibt hartnäckig. »Saskia, ich bin hier!«

Mir gelingt es mit Mühe, eines meiner bleischweren Augenlider aufzubekommen. Ach du Scheiße, das weiße Gewand – es ist ein Arztkittel.

»Oh, Dr. Sittler …!«

Eigentlich möchte ich schnell aufspringen, doch stattdessen quäle ich mich mühselig von der Couch hoch. Ich bin hundemüde, außerdem ist mein Nacken verspannt. Ich fühle mich wie gerädert.

»Guten Morgeeen«, flötet der Doc gut gelaunt. »Hab ich's doch gewusst. *Deshalb* haben Sie die Couch im Büro. So habe ich mir Ihren Job immer vorgestellt, ein bisschen quatschen und dann herumliegen und pennen. Ihr Leben hätte ich gern!«

»Entschuldigung, das passiert sonst nicht«, ächze ich.

Wie peinlich! Hoffentlich habe ich nicht auch noch geschnarcht oder im Schlaf gesabbert. Im Spiegel über dem Ärztewaschbecken überprüfe ich schnell mein Aussehen, derweil plaudert Dr. Sittler fröhlich weiter. »Sie machen das falsch. Sie wissen doch, wie erfahrene Ärzte ihre Müdigkeit bekämpfen …«

»Keine Ahnung. Kaffee, Koks, Amphetamine …?«

»Quatsch. Sie schließen die Tür von innen ab.«

»Ah, danke für den Tipp. Hatten … Hatten wir einen Termin?«

»Vor einer halben Stunde, bei Frau Nettekoven.«

»Oh Mist, verdammt!«

»Nur keine Hektik«, sagt Dr. Sittler und lächelt mich gönnerhaft an. »Die Patientin wird den Termin auch vergessen haben. Wetten?!«

Auf dem Weg zu Frau Nettekoven versucht Dr. Sittler mir wortreich zu vermitteln, worum es aus seiner Sicht geht. »Dieses Mal ist es speziell …«

»Jede Demenz ist speziell, Dr. Sittler!«

»Ja, aber sie redet wirres Zeug …«

»Entschuldigung, wenn ich das sage, Dr. Sittler, aber das tun Sie auch gerade, im Gegensatz zu Ihnen wirkte Frau Nettekoven auf mich sogar sehr klar.«

Dr. Sittler bleibt vor der Tür des Krankenzimmers stehen. »Aber so etwas, das habe ich noch nicht erlebt …«

»Ist sie auch noch depressiv?«

»Nein, eher das Gegenteil.«

»Wunderbar! Wo liegt dann das Problem?«

»Sie … Sie sieht Gespenster!«

Na toll, willkommen im Klub. Dann sind wir ja schon zu zweit.

»Gespenster? Dr. Sittler, ich wüsste nicht, dass das eine medizinische Diagnose ist. Meinen Sie vielleicht, sie halluziniert?«

»Jein«, antwortet er zögernd.

Er wirkt verunsichert. So kenne ich ihn gar nicht: Ein Halbgott mit Selbstzweifeln. Wieder setzt er zu sprechen an und ringt um die richtigen Worte, bis er schließlich resignierend die Hand auf die Türklinke legt.

»Ach, sehen Sie doch selbst …«

Er atmet einmal tief durch, bevor er schwungvoll die Tür aufreißt und übertrieben gut gelaunt die Patientin begrüßt. »Guten Morgeeen, Frau Nettekoveeen. Wie geht's uuuns?«

Klarer Fall von Überkompensation. Ich wittere Schwäche. Um seine Nervosität zu verbergen, kippt er ins andere Extrem und mimt den Entertainer.

Frau Nettekoven richtet sich in ihrem Krankenbett auf, ihre Augen strahlen, als sie Dr. Sittler erblickt, und sie streckt ihre Arme aus. »Mein Friedrich, da bist du ja endlich!«, ruft sie verzückt. »Ich habe immer gewusst, dass du zurückkommst.«

Ich sehe ihn an. »*Friedrich?*« Auf dem Namensschild an seiner Brust steht Dr. C. Sittler, C – wie Carsten. Das ist der Vorname, unter dem *ich* ihn kenne.

»Ja, das meinte ich«, seufzt er geknickt.

Interessant, das ist nicht mehr die Frau Nettekoven, die ich gestern kennengelernt habe. Oder – vielleicht doch, es ist die gleiche Patientin, nur ist ihr Bewusstsein nun in einer anderen Zeit, in einer anderen Umgebung unterwegs.

Die alte Dame klopft mit der flachen Hand einladend neben sich auf die Bettkante. »Komm, setz dich zu mir«, freut sie sich. »Mein Schatz!«

Verliebt schenkt sie Dr. Sittler ihr strahlendstes Lächeln.

Wie ich schon sagte: Er kann sie alle haben!

Dr. Sittler zieht langsam hinter uns die Zimmertür zu, dann gehen wir gemeinsam den Flur hinunter.

Ich gratuliere ihm. »Glückwunsch, wie schön. Sie haben eine neue Verehrerin – *Friedrich*.«

»Das hat mir gerade noch gefehlt«, stöhnt er.

»Ach, kommen Sie«, versuche ich ihn aufzumuntern. »Nehmen Sie's als Kompliment.«

»Bei einer Achtzigjährigen? Geht so …«, brummt er.

»Tja, das Leben besteht nicht nur aus jungen blonden Dingern. Aber eins verstehe ich nicht …«

»Sie meinen, wie sie auf die Idee kommt?«

»Ach Quatsch, nein. Aber wieso haben Sie so ein Problem mit dem Zustand der Patientin? Sie ist doch nur ein bisschen verwirrt, das ist doch nicht ungewöhnlich in dem Alter.«

»Mein Problem ist«, erklärt Dr. Sittler, »dass sie mir an die Wäsche will! Ich kann ihr nicht einmal den Puls fühlen, ohne dass sie versucht, mich auszuziehen.«

»Sie Armer. Das kennen Sie natürlich von Frauen gar nicht. Aber wenn das so schlimm für Sie ist, dann begleite ich Sie ab jetzt bei der Visite. Als Anstandswauwau.«

»Danke.«

»Übrigens, haben Sie in ihrer Akte gesehen, dass sie noch ledig ist?«

»Na und?«

»Sie ist über achtzig Jahre alt. Sie hat niemals geheiratet, ihren Friedrich nicht und auch sonst niemanden. Stellen Sie sich vor: Sie hat ein Leben lang auf ihn gewartet!«

»Wie tragisch«, murmelt er ohne jedes Bedauern.

»Wie romantisch!«, seufze ich. »Sie muss ihn sehr geliebt haben, ihren Friedrich.«

»Schön.«

»Das löst in Ihnen nichts aus?«

»Nein.«

»Nicht ein klitzekleines bisschen?«, bohre ich weiter.

»Nein! Ich bin Arzt, Saskia. Für Emotionen sind Sie zuständig.«

»Oh Mann, Doc. Sie haben wirklich ein Problem!«

Wir haben das Dienstzimmer erreicht, als Dr. Sittler plötzlich stoppt, sich zu mir umdreht und mit ausgestrecktem Zeigefinger auf mich losgeht. Er ersticht mich fast damit. »Unter Kollegen,

Saskia: Es gibt hier nur ein Problem, und das sind Sie! Sie sollen nicht mich therapieren, sondern die Patientin!«

Er klappt seinen Zeigefinger wieder ein und geht.

Ich schnaube ihm hinterher. »Mit Verlaub, Dr. Sittler, Sie sind ein gefühlskaltes Arschloch!«

Wie kann man nur so arrogant und affektiert sein. Affektiert kommt von Affe, steck einen Schimpansen in einen weißen Kittel, häng ihm noch ein Stethoskop um, und schon wird er sich aufführen, als hätte er höchstpersönlich die Banane erfunden. Manche Ärzte sind echte Kotzbrocken.

Ich will weitergehen, doch ausgerechnet jetzt taucht Schwester Regine mit ihren massigen 1,82 Metern in der Tür des Dienstzimmers auf, ein Tablett mit Spritzen in der Hand.

»Sie Arme. So schlimm?«, fragt sie mich und grinst mich unverschämt an. »Küsst er denn wenigstens gut?«

»Was? Sie glauben, er und ich … wir hätten … ich hätte mit ihm …?«, frage ich ungläubig.

»Klar. Weshalb gehen Sie sonst so aufeinander los?«

»Wir hatten Streit wegen einer Patientin!«

»Wenn ich einen Kerl *Arschloch* nenne, dann waren wir vorher in der Kiste, darauf können Sie wetten!«

»Schwester, ich hatte wirklich nichts mit ihm!«

»Aha. Aber Sie würden gern!«

»Nein! Ich bin verheiratet. *Glücklich!*«

»Ich weiß. Soll ich Sie bei Gelegenheit daran erinnern?«, frotzelt sie und macht sich mit ihren Spritzen auf den Weg zum nächsten Patienten.

Ich und Dr. Sittler? Niemals! Jetzt sieht auch Schwester Regine Gespenster.

68

14.

Es ist wie Warten auf das Christkind. Wir hocken vorm Fernseher, bis die Bescherung kommt.

Gleich wird's elf, draußen ist es stockduster. Ob unser Untermieter heute Nacht wieder hervorkommt? Und wann? Ich habe keine Lust, hier bis Sonnenaufgang herumzusitzen. Doch wenn ich das richtig sehe, tun Gespenster selten das, was man von ihnen erwartet, stattdessen spielen sie Streiche und treiben Unfug. Warum sollte er uns also den Gefallen tun, sich zu zeigen? Es gibt für ihn nur einen Grund: Bier. Der Kasten steht neben dem Sofa.

Kim hat ein Kruzifix und einen Knoblauchkranz an die Tür gehängt und sich dann in ihrem Zimmer eingeschlossen. Seither hat sie sich nicht mehr blicken lassen. Lukas hingegen hatte sich den ganzen Tag über darauf gefreut, Gustaf wiederzusehen, und sich geweigert, schlafen zu gehen. Doch als er gegen zehn neben uns auf dem Sofa eingeschlafen war, haben wir ihn ins Bett gebracht. Jetzt ist oben alles ruhig.

Ich strecke die Hand nach einem neuen Bier aus. »Gib noch mal *Öl*.«

»Ist schon dein drittes«, warnt mich Achim.

»Weiß ich selbst.«

Achim nimmt eine Flasche aus der Kiste, öffnet sie und reicht sie mir. »Prost«, sage ich und nehme einen großen Schluck. Tut das gut! Irgendwie erleichternd.

Aber natürlich passen wir auf, dass noch genug Bier für Gustaf bleibt. Immerhin, wir haben nicht einfach nur ein Gespenst – wir haben gleich eines mit Migrationshintergrund, und seit ich vor vielen Jahren mal in Ischgl Ski fahren bin, weiß ich auch, wie die Schweden drauf sind. Vierzehn Tage lang kannten die nur ein Ziel: Saufen, saufen, saufen. Après-Ski, da stehen sie voll drauf. Party ohne Ende. Aber egal, wie betrunken sie sind: Sie sind immer gut gelaunt, prügeln sich nicht und grapschen auch keine Frauen an. Da könnten deutsche Männer sich eine Scheibe von abschneiden.

Vielleicht wäre ein Jagertee doch das geeignetere Mittel, einen Schweden hervorzulocken. Dazu »Best of Fetenhits« und ein paar deutsche Mädchen, die in Skischuhen im Wohnzimmer tanzen, darauf fahren Schweden voll ab. So habe ich sie beim Skifahren erlebt.

Aber unser Schwede ist schon vierhundert Jahre alt, und wenn ich mich nicht irre, dann gab's im Dreißigjährigen Krieg noch keine Wintersportindustrie. Bis Obertauern sind sie, glaube ich, damals nicht vorgedrungen.

Nein, Bier muss reichen, damit Gustaf sich blicken lässt.

»Wo bleibt der alte Knochen nur?«, maule ich.

»Sei nicht gleich so negativ. Vielleicht ist er ja ein nettes Gespenst«, meint Achim.

»Gibt's nicht.«

»Doch, denk an *Hui Buh* oder *Das kleine Gespenst* von Otfried Preußler.«

»Achim, ich bin eher bei *Poltergeist* oder *Sleepy Hollow*. Und irgendeine kleine Stimme sagt mir, dass das realistischer ist.«

»Ach, keine Sorge. Er wird uns schon nicht den Kopf abschlagen«, beschwichtigt Achim.

»Na, dann bin ich aber beruhigt.«

Diese Bierflasche ist auch schon wieder halb leer. So viel trinke ich sonst nie. Ob unsere Maklerin wohl schon ein Alkoholproblem hatte, bevor sie in dieses Haus kam, oder erst, nachdem sie Gustaf begegnet war? Dann stünde mir noch einiges bevor. Mal sehen, wann ich vor Verzweiflung auf Whisky oder Wodka umsteige.

Ich fände es immer noch vernünftiger, wenn wir gleich wieder ausziehen würden, aber wir haben dieses Haus nun mal leider gekauft. Aus der Nummer kommen wir so schnell nicht mehr raus. Das ist lebenslänglich, es sei denn …

»Achim, wie geht Brandstiftung?«

»Keine Ahnung, frag die Bauern in der Umgebung, vielleicht kennen die sich damit aus. Scheune hoch versichern und dann …«

»Vielleicht ein Kurzschluss«, überlege ich. »Oder warten wir besser auf ein Gewitter?«

»Schatz«, entgegnet Achim. »Wir haben drei Jahre lang gesucht und nichts gefunden – und jetzt willst du das Haus abfackeln?«

Anstelle einer Antwort entfährt mir aus Versehen ein lautes Rülpsen. »Oops, sorry.«

Es gab mal Zeiten, da hatten wir an solchen Abenden Sex. Und davor? Hatten wir wilden Sex. Lange her. Stattdessen sitzen wir heute auf dem Sofa und schauen einen alten Tatort, auch noch eine der Folgen vom Bodensee, die sind besonders langweilig.

Meine Ehe verkommt zu einer Mischung aus *Al Bundy* und *Warten auf Godot*. Ich betrinke mich und rülpse, mein Mann gähnt, und Gustaf lässt sich nicht blicken.

Ist doch wahr. Ich hab schon ganz schön die Lampen an. Wenn ich jetzt noch ein Bier trinke, könnte ich vielleicht sogar …

Ich lasse meine Finger hinüber auf Achims Knie wandern.

Er schaut mich an. Lächelnd legt er die Fernbedienung beiseite, dann fasst er mir ins Haar und küsst mich, knabbert an meinem Hals, während er seine Hände tiefer rutschen lässt. Dann zieht er mir das Top aus der Jeans, seine Hand gleitet darunter …

Mir wird herrlich wuschig im Kopf. Ob es heute klappt, endlich mal wieder, gleich hier auf dem Sofa?

»Heja!«

Achim und ich fahren auseinander.

Das darf nicht wahr sein! Hätte der alte Knacker nicht noch warten können, nur ein bisschen?

Meine Wangen glühen noch, ich stopfe mir das Top wieder in die Jeans. Puh, erst mal wieder runterkommen … Auch Achim muss sich erst kurz sammeln, er atmet tief durch.

Gustaf lupft zur Begrüßung seinen Hut. »Ihr trinkt ohne mich?«, fragt er und grinst uns unverschämt an.

»Natürlich nicht …«, beteuern wir.

»Oder störe ich? Wollt ihr *knulla*?«

Achim und ich sehen einander fragend an. »Was wollen wir? Was ist das – *knulla*?«

»Na, *jucka! Göka! Skit*, wie heißt das auf Deutss’?«

Keine Ahnung, was er meint und worauf er hinauswill. Ich verstehe bei Gustaf immer nur *Smørrebrød* – und das ist Dänisch.

»Na, Liebe machen!«, ruft er endlich und schaut uns unter seinen buschigen Augenbrauen treudoof an. »Könnt ihr ruhig ssagen!«

Auf einmal herrscht peinliches Schweigen. Bitte? Er fragt uns, ob wir …? Das glaub ich jetzt nicht. Was soll man auf so eine unverschämte Frage antworten? *Klar du, kannst du mal kurz fünf Minuten rausgehen, wir müssen nur noch kurz zum Höhepunkt kommen?*

»Wir trinken erst mal ein Bier«, unterbricht Achim endlich das peinliche Schweigen und greift neben sich in den Bierkasten.

Gustaf legt seinen Hut auf den Sofatisch und lässt sich in einen der Sessel fallen: »Ihr seid sso nett. Viel netter als diese schreckliche Leute vorher.« Er legt die Füße auf den Tisch. »Sso fühl ich mich wohl in meine Hauss.«

Ich verschlucke mich fast am Bier. »*Dein* Haus?«

»Saskia, natürlich ist das meine Haus.«

»Aber – wir haben es gekauft!«, protestiere ich.

»Oh, das war bestimmt ssehr teuer.«

»Na ja, 'ne halbe Mil…«

»Ssehr schade. Das ssöne Geld. Dies ist meine Hauss, ich bin die letzte verbliebene Erbe von die Gesslecht derer ssu Rotthoven.«

»Aber – du bist tot!«, erklärt Achim.

»Außerdem waren wir beim Notar«, ergänze ich. »Wir stehen im Grundbuch!«

»In *was* ssteht ihr?«, fragt Gustaf ungläubig. »Wass ist das?«

»Das Grundbuch? Also, das ist eine Art Register …«, versuche ich zu erklären.

Gustaf unterbricht mich mit einem fetten Rülpsen. »Iss auch egal. Benehmt euch, sseid nett ssu mir, dann haben wir keine Problem, und dann dürft ihr gerne mit mir in die Hauss wohne. Prost, auf unssere Zukunft!«

Langsam öffnet sich die Wohnzimmertür, und Lukas' Blondschopf taucht in dem Spalt auf. Taps, taps, taps – schon steht er im Schlafanzug neben uns.

»Gespenst, da bist du ja«, jubelt er. »Kannst du wieder mit dem Kopf rollen?«

»Ich kann *dir* die Kopf abreißen, dann kannst du das sselber machen.«

Lukas lacht. »Aber warum sprichst du so komisch, Gespenst?«

»Lukas, das ist Schwedisch, Gustaf kommt aus Schweden.«

»Aha … Kennst du Zlatan Ibrahimovic?«

»Wen?«, fragt Gustaf.

»Wer soll das sein?«, frage ich.

»Das ist ein Fußballer«, antworten Vater und Sohn unisono.

Lukas plappert weiter. »Der ist auch Schwede, der ist cool! Der kann ganz böse gucken.«

»Wie ich«, grinst Gustaf.

»Ja, wie du!«

Lukas' Augen glänzen – Weihnachten ist ein Dreck dagegen. Gustaf hat seinen ersten Fan.

»Aber jetzt geht's ab ins Bett, junger Mann«, bestimme ich.

»Och nöö«, mault Lukas. »Warum kommt das Gespenst immer so spät? Das ist blöde.«

»Ich verssuch früher aufzustehen, einverstanden? Ab die Ssonnenuntergang habe ich für dich Zeit …«

»Oh, jaaa! Super, danke, Gespenst!« Lukas ist ganz aus dem Häusschen.

Na klasse. Ich hatte gedacht, so ein Gespenst spukt nur zur Geisterstunde und lässt uns den restlichen Abend über in Ruhe. Aber nein: Offensichtlich haben wir es den halben Tag an der Backe – und die Zeit spielt aktuell gegen uns: Es ist Oktober, die Nächte werden länger.

»Abmarsch, Lukas«, befehle ich.

Schmollend trottet Lukas davon. Als er die Tür hinter sich geschlossen hat, seufzt Gustaf auf. »Sso ist das mit die Kinder. Ssie stören immer, wenn du willst *knulla*.«

Achim hält seine halb leere Bierflasche hoch und mustert sie nachdenklich, während er sie hin und her dreht, so als könne er darin irgendetwas Interessantes entdecken. »Jetzt sag mir eines«, murmelt er. »Du bist doch Schwede …«

»Ja, *just det*!«

»Wie bist du dann ausgerechnet in Rotthoven gelandet?«

»Ah, das ist eine ssehr lange Geschichte, aber wenn ihr wollt, dann erzähle ich ssie euch gern.« Gustaf schaut uns fragend an. »Ihr wollt wirklich nicht *knulla* …?«

Und so erzählt Gustaf Birger Gunnarsson, einstmals Soldat im Dienste des Schwedenkönigs Gustav II. Adolf, uns seine Geschichte.

Vor vierhundert Jahren befand sich an der Stelle, an der heute unser Haus steht, noch die alte Burg. Der Ausdruck Burg ist vielleicht ein bisschen übertrieben. In Wahrheit war es wohl eher eine Art Gutshof mit Wohnhaus und kleiner Kapelle, ein größerer Bauernhof, mehr konnten sich die Freiherrn zu Rotthoven nicht leisten. Trotzdem hatten sie damals in der Gegend das Sagen, weshalb ihnen sogar eine eigene kleine Gruft in der Dorfkirche gestellt wurde, in der sie nach ihrem Tod beerdigt wurden. Immerhin.

Vierhundert Jahre – das ist ganz schön lange her. Damals tobte in Deutschland der Dreißigjährige Krieg – Katholiken kämpften gegen Protestanten, Habsburger gegen Franzosen, Adlige gegen Kaisertreue und irgendwie jeder gegen jeden. Ziemlich unübersichtlich das Ganze. Und wenn ich ehrlich bin, habe ich in Geschichte nie gut aufgepasst. Jedenfalls verwüstete dieser Krieg ganze Landstriche, Dörfer wurden geplündert und niedergebrannt, die Felder lagen brach, Menschen verhungerten oder wurden getötet. Es muss eine grausame Zeit gewesen sein. Gustafs Schnurrbart zittert vor Aufregung, während er davon berichtet.

Für die Protestanten sah es bald schlecht aus, sie verloren eine Schlacht nach der anderen, die katholische Seite schien endgültig den Sieg davonzutragen. Die Sache war eigentlich schon durch, da kamen Gustafs Schweden ins Land. Ihr König Gustaf II. Adolf sah die Gelegenheit, billig Beute zu machen, überquerte die Ostsee und griff die kaiserlichen Truppen an, der Krieg ging wieder von vorne los.

Das war 1630.

Die Schweden ließen sich auch nicht davon bremsen, dass ihr König bei Leipzig in der Schlacht fiel. Während Gustaf schildert, wie er half, den königlichen Leichnam zu bergen und einzubalsamieren, übermannt ihn endgültig die Rührung, und er schnäuzt sich in den Ärmel.

Über Bayern – wie auch immer sie von der Ostsee aus dort hingekommen waren – rückten die schwedischen Truppen ins Rheinland vor und griffen Köln an. Damit hatten sie zwar keinen Erfolg, doch sie nisteten sich erst einmal auf der anderen Rheinseite ein, besetzten Städte und Dörfer, um die nächsten Monate Köln zu belagern.

So landete Gustaf Birger Gunnarsson bei uns im Rheinland.

Gustaf sagt, so eine Belagerung sei eine ziemlich langweilige Angelegenheit. Es gebe nichts zu tun, man warte tagein, tagaus vergeblich darauf, dass endlich irgendetwas geschieht. Also machten die Schweden das Beste daraus, sie plünderten die Weinkeller, feierten und tranken. Wie Schweden nun mal so sind. Und wenn irgendwo Party ist, dann lässt der Rheinländer sich auch nicht lange bitten, Krieg hin oder her. Wie Rheinländer nun mal so sind. Es muss wie Karneval gewesen sein.

Eines Abends, nachdem viel Wein geflossen war, landete Gustaf Birger Gunnarsson mit einem Mädel aus der Umgebung im Bett. Was er nicht wusste: Adelheid-Maria, so hieß die junge Frau, war die Tochter des örtlichen Burgherrn, und gerade als sie fröhlich zugange waren, stand plötzlich ihr Vater mit dem Vorderlader am Bett, legte die Waffe an, zielte direkt aufs Gustafs nacktes Gesäß und verlangte die sofortige Heirat.

An dieser Stelle wirft Achim ein, wenn Kim es wagen sollte, mit irgendeinem dahergelaufenen Lümmel – Schwede oder nicht – nach Hause zu kommen, dass er dann jederzeit bereit sei, dasselbe zu tun, und dass die Waffentechnik seither große Fortschritte gemacht habe. Man könne viel besser zielen.

»Ist schon gut, Achim«, sage ich. »Sei ruhig und trink dein Bier.«

Aus Gründen der Ehre musste Gustaf Birger Gunnarsson also

seine Adelheid-Maria heiraten, damit wurde er zum Freiherrn zu Rotthoven und konnte in die Burg einziehen. An dieser Stelle weist seine Geschichte leider Lücken auf, was aber auch daran liegen kann, dass ich zu viel getrunken und nicht aufgepasst habe. Auf jeden Fall kam es angeblich zu einem Streit in der Familie, der so weit ging, dass Gustaf im Badezuber erdolcht wurde, als er sich gerade rundherum eingeseift hatte. Sein Schwiegervater nutzte angeblich schamlos die Tatsache aus, dass Gustaf die Augen brannten und er sich nicht zur Wehr setzen konnte.

Damit starb die Familie derer zu Rotthoven aus, Gustaf hauste fortan einsam in seinem Kellerverlies und spukte nachts in der Ruine herum.

Die Burg fiel in einen langen Dornröschenschlaf, ehe vor über hundert Jahren ein reicher Kaufmann auf die Idee gekommen war, den alten Gutshof zu kaufen und das alte, verfallende Gemäuer in ein Haus zu verwandeln. Die Nachbarn warnten ihn vor dem Gespenst, das in der Ruine sein Unwesen treiben würde, aber darüber lachte er nur. Der arme Mann endete bald in der Nervenheilanstalt.

Wir müssen es realistisch sehen: Dieses Anwesen hat noch niemandem Glück gebracht, und ausgerechnet wir mussten es kaufen.

Nachdem Gustaf uns seine Geschichte erzählt hat, wischt er sich eine letzte Träne aus dem Augenwinkel. Danach nimmt er einen großen Schluck aus der Bierflasche.

»Sseitdem sspuke ich«, seufzt er schließlich.

»Und du wohnst die ganze Zeit im Keller, hinter dieser großen Tür?«, frage ich.

»Richtig.«

»Ha! Wusste ich's doch!«

»Ja, das ist meine Fluch, ich werde nie mehr die Ssonne sse-hen.« Sein Lispeln klingt auf einmal sehr traurig, seine toten Augen füllen sich mit Tränen. »Wisst ihr, ich habe nicht mal ein schönes Grab bekommen. In die hinterste Winkel von die Grundstück haben ssie mich verssarrt.«

»Aber wieso haben sie dich erstochen, weshalb?«, wundert Achim sich.

»Na, weshalb schon? Wahrscheinlich hat er Adelheid-Maria betrogen«, spekuliere ich drauflos.

»Quatsch. Dafür wird man doch nicht umgebracht«, erwidert Achim.

»So, denkst du!«, grummle ich.

Gustaf kratzt derweil nachdenklich das Etikett von seiner Bierflasche. »Sseid ihr sson mal in Ssweden gewesen? Kennt ihr die *Midsommar*?«

Ich schüttle den Kopf. »Nö, keine Ahnung …«

»An dem Tag geht die Sonne nicht unter, oder?«, meint Achim.

»Ja, dieses Licht um die Mitternacht, wenn die ganze Himmel dunkel ist und nur wenige Strahlen hinter die Horizont leuchten: Das ist magisch, eine Traum! Ich vermisse es sso ssehr.«

»Hm, klingt beeindruckend«, murmelt Achim.

»Aber was hat das mit Adelheid-Marie zu tun?«, frage ich misstrauisch.

»Wisst ihr, *jag hade hemlängtan*, ich hatte Heimweh«, klagt er.

»Das ist alles, du wolltest abhauen? Deshalb haben sie dich ermordet?«

Gustaf nickt. »Ja, sso ssieht das aus. Ich wollte nach Hause.«

»Versteh ich immer noch nicht«, sagt Achim.

»Ach ja, mein Lieber? Dann sei in Zukunft vorsichtig beim Baden!«

Mich lässt das Gefühl nicht los, dass Gustaf uns nicht alles erzählt hat. Die Geschichte ist einfach nicht schlüssig. Trotz der vier Bier, die ich intus habe, kann der alte Kauz mich nicht so leicht austricksen wie meinen Göttergatten. Bis die Wahrheit auf den Tisch kommt, sind noch ein paar Gesprächssitzungen fällig, und bei denen werde ich nüchtern sein, oh ja!

»Und Adelheid-Maria?«, bohre ich nach. »Was ist aus ihr geworden?«

Gespannt warten wir auf Gustafs Antwort, doch stattdessen stellt der alte Schwede die leere Bierflasche auf dem Tisch ab, drückt sich mit beiden Armen aus dem Sessel hoch und steht auf. »Das erzähle ich euch bei die nächste Mal. Jetzt ist schon sspät – und Ihr wollt doch noch *knulla*!«

Er hat sie betrogen. Wetten? Einen Mistkerl erkenne ich auch, wenn er vierhundert Jahre auf dem Buckel hat.

15.

»Ein Paket für Herrn Achim Baumann …?«

»Das ist mein Mann.«

»Wenn Sie hier unterschreiben …«

Was hat Achim denn bei Amazon bestellt? Da kaufen wir doch nie ein. Ich unterzeichne auf dem Display, dann schleppen die beiden Boten das Paket in unseren Flur, stellen es ab und verabschieden sich freundlich.

Da steht es nun, und ich habe keine Ahnung, was darin sein könnte. Wieso sagt Achim mir nicht Bescheid, dass er etwas bestellt hat? So ein Riesenkarton, da würde locker ein ganzer Fernseher … Moooment!

Ich hole ein Messer aus der Küche und schneide den Karton auf. Darin befindet sich ein weiterer Karton, auf dem das Gerät abgebildet ist.

Ich habe dringenden Gesprächsbedarf.

»Achim? Achiiim!«

Entspannt kommt Achim die Treppe heruntergetänzelt. »Was ist, Schatz?«

»Sag mal, hast du sie noch alle, tickst du noch ganz sauber?«, blaffe ich ihn an.

»Wieso?«, fragt er verwundert.

»Wie kommst du auf die Idee, einen Fernseher zu bestellen?«

»Ich?«

Achim beugt sich über den offenen Karton. »Ein Flatscreen? Cool!«

»Bist du wahnsinnig? Du kannst doch nicht so ein teures Ding bestellen, einfach so. Wir haben kaum noch Geld auf dem Konto.«

»Du, ich war das nicht, ich hab nichts bestellt.«

»Lass den Quatsch, Achim. Wer soll denn sonst …?« Achim sieht mich immer noch unschuldig wie ein Kätzchen an, und eines weiß ich: Er ist ein miserabler Schauspieler. Jemand, der andauernd *Pu der Bär* zitiert, kann einfach nicht überzeugend lügen. Ich würde es sofort merken.

»Oh nee!«, stöhne ich und mache mich auf den Weg in den Keller.

Irgendwann werde ich mir auf dieser verdammten Treppe noch das Genick brechen. Nachdem ich sie halb gerannt, halb hinuntergefallen bin, hämmere ich mit der geballten Faust gegen die alte Tür von Gustafs Verlies.

»Gustaf, mach auf! Sofort!«

Nichts.

»Erklär mir das, Gustaf!«

Hinter der Tür herrscht Totenstille. Was auch sonst. Was hatte ich erwartet? Es ist elf Uhr morgens, die Sonne scheint, und draußen zwitschern die Vögel. Gespenster aber werden nur nachts aktiv. Dies ist nicht Gustafs Uhrzeit.

Fluchend kraxle ich die Kellertreppe wieder hinauf und stürme in die Küche. Ich brauche dringend einen Schluck Wasser zum Abkühlen.

Achim folgt mir schmunzelnd. »Was hast du erwartet, Saskia?

Dass sich unser Hausgeist ein Stück weit kooperativer verhalten könnte?«

Vor Ärger verschlucke ich mich fast am Wasser. »Der Typ ist vierhundert Jahre alt. Sag mir, wie kommt der an einen Computer? Wieso kann er ihn bedienen? Und woher hat er unsere Bankdaten? Verrat mir das.«

»Vielleicht hat er sie ja gar nicht. Vielleicht bestellt er noch auf Rechnung der Vorbesitzer.«

»Dann sind wir auch noch Trickbetrüger? Oh Gott, wenn das rauskommt ... Achim, was soll noch alles passieren?«

»Keine Ahnung. Reg dich nicht auf, erst mal ist es doch nur der Fernseher. Und ehrlich, es ist kein schlechtes Gerät, das er da bestellt hat: 65 Zoll, WLAN, 4k Ultra-HD mit gebogenem Bildschirm – da kann man nicht meckern.«

Er geht hinaus auf den Flur, um sich wieder dem Fernseher zu widmen.

»Achim, den packst du nicht aus. Der geht zurück!«

»Keine Sorge«, beruhigt Achim mich, schleicht aber bereits neugierig um den Karton, wie eine Hyäne um ein totes Gnu.

Männer und Technik! Da sind sie einfach nicht zurechnungsfähig. Ich sollte den Karton mit Minen und Stacheldraht sichern, sonst steht das Ding mir nichts, dir nichts aufgebaut im Wohnzimmer. Dabei ist er viel zu groß, dieses Riesenteil würde das komplette Wohnzimmer dominieren. Jedes Bild, das wir an die Wand hängen könnten, würde dagegen mickrig aussehen. Und damit er läuft, bräuchten wir wahrscheinlich einen eigenen Windpark in der Nordsee.

»Saskia, der hat sogar Sprachsteuerung«, staunt Achim. »Und Steuerung per Gesten. Wahnsinn.«

»Das funktioniert?«, frage ich zweifelnd.

»Klar.«

»Toll. Gibt's das auch für Ehemänner?«

Kim und Lukas kommen von draußen herein. »Wir haben's gefunden!«, verkündet unsere Älteste stolz.

»Was?«

»Was schon«, mault Kim. »Gustafs Grab.«

Wie eine kleine Entenfamilie stapfen wir durch das Wäldchen hinter der Remise, wo Kim uns zur letzten Baumreihe führt, hinter der sich die Felder erstrecken.

»Hier«, sagt sie.

Wir können von Glück sagen, dass das Grab in all den Jahren nicht aus Versehen umgepflügt worden ist. Tatsächlich lugt an dieser Stelle, am entlegensten Rand unseres Grundstücks, unter altem Laub ein behauener Stein hervor. Er ist verwittert, von Flechten überzogen und halb im Boden versunken.

Auch wenn ich diesem Verstorbenen gerade am liebsten den Tod an den Hals wünschen würde: An Gräbern zu stehen ist nie schön. Mich fröstelt es.

Achim schiebt mit dem Fuß das Laub beiseite: *G__taf z_ Ro_th_ven*, steht da als Inschrift. Der Name ist gerade noch zu erkennen, ebenso das Datum seines Todes: *?23. M_i 1_34.*

Alle schweigen, sogar Lukas. Auch ich bin ein wenig ergriffen. Kim hat im Garten schnell noch einen Strauß Chrysanthemen gepflückt, den sie nun vor Gustafs Grabstein niederlegt. Achim räuspert sich verlegen, dann murmelt er: »Ein Kasten Bier wäre dem alten Sack wahrscheinlich lieber.«

Anstandsvoll verharren wir noch für einen Moment der

Trauer, dann machen wir uns auf den Weg zurück zum Haus. Keiner sagt ein Wort. Was für eine seltsame Art, mit dem Tod konfrontiert zu werden, wenn der Verstorbene jede Nacht putzmunter aus unserem Keller hervorkriecht und nervt.

Ihren schwedischen Schwiegersohn hatte die Familie derer zu Rotthoven lieblos am Rand des Ackers verscharrt. Aber wo liegt die Tochter Adelheid-Maria?

Meine Neugier ist geweckt.

Puh, ganz schön schwer, so eine Kirchentür.

Vorsichtig gehe ich den Mittelgang hinauf. Sieht mich jemand oder bin ich allein?

Im Urlaub mag ich alte Kirchen total! Da kann ich an keiner vorbeigehen, ohne wenigstens kurz hineinzuschauen. Es ist dort immer so friedlich und angenehm kühl, außerdem riecht es wunderbar altmodisch nach Weihrauch und abgebrannten Kerzen.

Aber zu Hause? Da machen mir Kirchen immer ein schlechtes Gewissen, weshalb ich auch nie hineingehe. Das ist wie mit Bekannten, bei denen man sich lange nicht mehr gemeldet hat. Man meint, sich für irgendwas entschuldigen zu müssen, und deswegen traut man sich erst recht nicht mehr, sie anzurufen. Außerdem bin ich schon vor Ewigkeiten aus der Kirche ausgetreten, von mir bekommt sie keine Steuern mehr. Deshalb habe ich das Gefühl, ich müsste Eintritt zahlen.

Dabei ist die Kirche von Rotthoven sogar ganz hübsch. Sie thront mitten im Ort auf einer leichten Anhöhe, hat einen wuchtigen Turm und schmale, hohe Fenster. Innen ist sie schlicht gehalten mit weißen Wänden, nur der Altarraum erstrahlt in schönstem Barock mit bunten Fresken, dicken Engelchen und ganz viel Blattgold. Herrlich, ich mag diesen Kitsch! Bevor ich die Kirche verlasse, werde ich bestimmt ein paar Münzen in den Opferstock werfen.

Und prompt kommt in diesem Moment der Pastor aus der Seitentür, ein milchgesichtiger junger Mann, dem ein paar Stunden an der Sonne bestimmt guttäten. Er sieht aus wie der ältere Bruder von Robert Pattinson in dieser Vampir-Serie. Er bekreuzigt sich flüchtig und tut so, als müsste er ein paar Kerzen anzünden, doch dabei linst er so unauffällig wie möglich zu mir herüber. Vielleicht hofft er auf ein verirrtes Schaf, das er auf den Pfad der Tugend zurückführen kann. Doch da ist er bei mir an der falschen Adresse: Wenn Gott gewollt hätte, dass ich nicht sündige, warum hat er dann Chips, Nutella und Literpackungen Vanilleeis erfunden? Für meine Verfehlungen büße ich morgens auf der Badezimmerwaage, das reicht vollkommen. Ich muss nichts beichten.

Noch immer stehe ich wie bestellt und nicht abgeholt im Mittelgang herum.

Draußen vor der Kirche hatte ich bereits alle Grabsteine auf dem alten Friedhof abgesucht. Dabei ist mir nur aufgefallen, dass früher die Familien mit Nachnamen entweder Vollmer hießen oder Schmitz. Man muss froh sein, dass gelegentlich Schweden oder Franzosen zur Blutauffrischung vorbeigekommen sind, sonst wäre das für die Dorfbevölkerung genetisch eng geworden. Doch von Gustafs Familie keine Spur.

Schließlich schwebt der Pastor auf mich zu. »Kann ich Ihnen helfen?«, fragt er und lächelt so sanftmütig, wie es wohl nur ein Mann Gottes kann.

»Ich bin nicht sicher … Hat die Kirche so was wie eine Gruft? Alte Gräber oder etwas in der Art?«

»Sie meinen die Krypta?«

»Genau!«

Der Dorfpfarrer führt mich ein paar Stufen hinab in eine kleine Kammer unter den Turm. »Nicht stoßen«, warnt er mich vor dem Durchgang in das alte Gewölbe, und ich muss mich bücken. Unten in der Grabkammer kann ich kaum aufrecht stehen. Das ist garantiert Mittelalter!

Da ist sie also, die Gruft derer zu Rotthoven. An den Wänden sind Tafeln mit Namen und Zahlen angebracht. Ich versuche im Halbdunkel die alten Buchstaben zu entziffern: Ich sehe das Grab von Adalbert, Godehard, Agatha …

»Gibt es hier auch eine Adelheid?«, frage ich.

Der Pfarrer zeigt in eine Ecke. »Da vorn.«

Ich schaue auf die Inschrift der Grabtafel. *Adelheid-Maria Frfr. zu Rotthoven, geb. 1. Juni 1614, gest. 21. Mai 1634.*

Zarte zwanzig Jahre jung war sie, als sie gestorben ist. Wie tragisch. Das ist ja sogar für diese Zeit ziemlich früh.

Der Pope räuspert sich erst rücksichtsvoll, bevor er mich anspricht. »Darf ich fragen, warum Sie sich dafür interessieren?«

»Ach, wissen Sie: Wir haben dieses alte Haus gekauft …«, versuche ich zu erklären.

»Ah, die Burg«, stellt der Mann Gottes wie selbstverständlich fest.

Ich bin überrascht. »Das wissen Sie?« Ich dachte, dass unser Haus früher eine Burg war, wäre längst vergessen.

»Ja. Von den Vorbesitzern. Die waren auch schon mal da.«

»Ach …!«

Ich hab's geahnt. Die sind vor Gustaf geflüchtet, deshalb haben sie das Haus verkauft. Seine Existenz hat man uns verschwiegen. Und was machen wir jetzt? Stellt sich die Frage: Können wir wegen eines Gespensts auf Mängel klagen?

16.

»Scheiße, Achim! Was bitte war an Nein nicht zu verstehen?«

Ertappt! Schuldbewusst starren mich drei Augenpaare an. Sie gehören meinem Mann, meinem Sohn und meiner Tochter. Alle zusammen stehen sie vor mir im Wohnzimmer, Achim hält die Tatwaffe noch in der Hand: einen Schraubenzieher.

Die gute Nachricht ist: Der Fernseher funktioniert, er steht fertig aufgebaut auf dem TV-Schränkchen und flimmert fröhlich vor sich hin. Die schlechte Nachricht ist: Wir werden ihn nicht mehr zurückgeben. Den werden sie nicht mehr hergeben.

»Mama, schau dir dieses Bild mal an«, schwärmt meine Tochter.

»Liebes, zunächst schau ich auf unsere Kontoauszüge, und den Schock muss ich dann erst mal verdauen.«

»Aber wir könnten darauf *Mamma Mia!* gucken. Das wär doch voll toll! Au ja, machen wir das? Bittööö …«

So wie sie dabei in die Hände klatscht und mich bettelnd anschaut wie ein verstoßenes Robbenbaby, kann ich ihr nur extrem schwer widerstehen.

Ich oder meine Tochter – wer von uns beiden hat hier eigentlich Psychologie studiert? Kim weiß genau, wie sie mich um den Finger wickeln kann: *Mamma Mia!* ist mein Lieblingsfilm. Bis sie

89

zwölf wurde, haben wir ihn immer zusammen geguckt. Es war unser gemeinsames Ritual. Aber dann wurde auch er *peinlich*. Ach, wie gern würde ich wieder einen kuschligen Filmabend mit meiner Tochter verbringen!

»Wir können ihn sowieso nicht zurückgeben, Saskia«, versucht mein Mann sich zu rechtfertigen.

»Wieso nicht? Du baust ihn ab, er kommt in den Karton, der Briefträger nimmt ihn wieder mit. So einfach ist das.«

»Geht trotzdem nicht. Schau auf die Rechnung. Gustaf hat über einen eigenen Account bestellt, wir kommen nicht an die Bestelldaten heran. Und ohne die Bestelldaten …«

»Waaas? Das heißt – er kann ungehindert unser Konto plündern?«

»Also, so dramatisch würde ich es jetzt nicht …«

»Achim, da ist so schon kein Geld mehr drauf, wir sind so gut wie pleite.«

»Wie gesagt, vielleicht ist es auch das Konto unserer Vor…«

»Nein, nein, nein, halt! Was können wir machen?«

»Wir ändern alle Passwörter«, erklärt Achim. »Und nachts stellen wir das WLAN aus.«

»Na also, geht doch!«

Ich ziehe meinen Mantel aus. Ein Gespenst im Haus – das ist schon schlimm genug. Aber ein Gespenst mit Internetzugang – das ist der Oberhorror. Was kann noch alles kommen? Bucht Gustaf eine Weltreise, steigt er in den internationalen Waffenhandel ein oder ordert er kistenweise Kaviar? Woher weiß ein Schwede aus dem Dreißigjährigen Krieg, wie man sich ins WLAN einloggt – und ich nicht? Das ist doch nicht fair. Jetzt komme ich mir erst recht alt vor.

Ich muss auf jeden Fall so schnell wie möglich einen Termin mit unserer Bank vereinbaren. Oder besser gleich mit der Schuldnerberatung.

»Am besten kappen wir das ganze Internet!«, fluche ich.

Kim beugt sich zu ihrem Bruder hinab. »Das bringt nichts«, raunt sie ihm verschwörerisch ins Ohr. »Wenn er ein Smartphone mit Datenvolumen hat, kann er trotzdem bestellen.«

»Kim, das habe ich gehört!«

Doch Kim schämt sich kein Stück, vielmehr kichert sie. »Mama, schade, dass es bei Amazon keine Reitpferde gibt.«

»*Honey honey, how you thrill me, aha! Honey honey …*«

Wo landet man samstagabends als Ehepaar mit Kindern? Genau: vor der Glotze. Und während Meryl Streeps Tochter mit ihren Freundinnen ausgelassen über die Insel tänzelt, verpassen Colin Firth und Pierce Brosnan gerade die Fähre zurück zum griechischen Festland. Kim hatte spontan doch keinen Bock mehr auf *Mamma Mia!*. Also musste Achim sich opfern und mit mir den Mädchenfilm schauen. Das ist die gerechte Strafe dafür, dass er den Fernseher ausgepackt hat. Wagt er so was noch mal, dann drohen ihm alle drei Teile *Sissi* am Stück und direkt im Anschluss daran die Gesamtedition von *Sex and the City*.

Wir haben es uns gemeinsam auf dem Sofa gemütlich gemacht. Meine Beine liegen auf dem Hocker, neben mir steht eine Packung Toffifee. Meine Protesthaltung gegen diesen Fernseher fällt eindeutig zu entspannt aus.

»Komm, gib's zu, das Bild ist echt toll«, meint Achim.

»Colin Firth hat jetzt einen Pickel auf der Nase. Den hatte er vorher nicht«, meckere ich.

»Aber das Meer, das Blau, dieses Panorama – da müssen wir gar nicht mehr nach Griechenland fahren.«

»Mein Lieber, wir *können* auch gar nicht mehr nach Griechenland fahren, das können wir uns nicht mehr leisten. Wir schauen gerade *Mamma Mia!* auf unserem Griechenland-Urlaub!«

Achim grunzt mürrisch. Ich versuche mich an seine Schulter zu kuscheln, und um ehrlich zu sein, ich kriege das Grinsen überhaupt nicht mehr aus dem Gesicht. Das Bild ist nicht toll, oooh nein – es ist überwältigend, der Hammer! Diese Farben, in der Größe – Wahnsinn! Nie war die Ägäis türkiser. Es ist, als würde man darin baden, ich pack gleich die Sonnencreme aus, so sonnig wirkt *Mamma Mia!* auf einmal.

Unten im Keller klirren Flaschen. Geht Gustaf uns etwa an die Weinvorräte? Na und wenn schon, was soll's? Allzu teuren Wein haben wir gar nicht, und vielleicht beschert ein besoffenes Gespenst uns wenigstens eine ungestörte Nachtruhe.

Armin legt seinen Arm um meine Schulter. Ich kuschle mich noch ein wenig enger an ihn und spiele an seinen Hemdknöpfen herum.

»*Honey honey, touch me, baby, aha! Honey honey …*«

Unser erster Fernsehabend im neuen Haus, die Kinder schlafen. So gemütlich!

»*There's no other place in this world where I rather would be … Honey, honey …*«

Achim streichelt mich beiläufig, ich schmiege mich enger an ihn … Hach! Aber mich warnt meine innere Stimme: *Denk erst gar nicht daran, mach dir keine falschen Hoffnungen, denn gleich kommt bestimmt wieder …*

»Heja!«

Genau. Gustaf, unser Hausgespenst. Sein Zwirbelbart taucht über uns auf, und mir sticht der Geruch von Kernseife in die Nase.

»Ah, das ist die Film von die ABBA. Die kenne ich, das ssind auch Ssweden«, freut Gustaf sich. »Habt ihr das gewusst?«

»Gustaf, jedes Kleinkind kennt ABBA!«

»Ich habe eine gute Wein dabei, eine Rotwein. Vierzehn Jahre ist die alt! Wollt ihr auch …?«

So alt? Ich wusste gar nicht, dass wir solche Schätzchen im Keller haben. Ich schaue aufs Etikett. »Das ist Kims Wein«, stelle ich entsetzt fest. »Den haben wir zu ihrer Geburt gekauft. Gustaf, den machst du nicht auf, der ist teuer!«

Genau genommen war es ein Jahr später, dass wir ihn gekauft haben, denn so ein Wein muss schließlich erst noch gekeltert werden. Es ist ein *Châteauneuf-du-Pape* – das Beste, was man kriegen kann, der Champagner unter den Rotweinen. Allein die Flasche ist schon wunderschön, mit einem Wappen als Relief im Glas. Eine davon kostete damals schon fünfzig Euro. Wie er schmeckt? Keine Ahnung, angesichts des horrenden Preises haben wir uns nicht mal selbst eine Flasche gegönnt, sie war allein für Kim reserviert. Und jetzt köpft Gustaf sie mitleidlos. Ich könnte heulen.

Gustafs Bedauern hingegen hält sich in Grenzen. »Ssu sspät. *Skål!*«

»Gustaf, den wollten wir mit Kim trinken, wenn sie achtzehn ist!«

»Huch. Ja – dann weckt ssie auf, damit ssie mit uns trinke kann!«

»Spinnst du? Sie kriegt noch keinen Alkohol, sie ist erst vierzehn«, protestiere ich.

»Vierzehn? Hach, was für eine schöne Alter. Und ssie ist immer noch Jungfrau?«

»Sie ist *vierzehn*!«

»Ssu meine Zeit war das alt.«

Oh Gott, was redet er da? Was ist das für eine pädophile Kacke? Ist das Steinzeit oder kurz danach?

Gustaf schenkt uns der Reihe nach ein. »Ihr müsst schnell Ausschau halten nach eine reiche Mann, ssonst werdet ihr ssie nicht mehr los. Ssagt, wie groß ist … Ach, wie heißt das? Die *hemgift … utstyrsel …* diese Geschenk …«

Ich schaue Achim fragend an, der auch nur unsicher rät. »Die Mitgift?«

»Ja, genau: Mitgift! Die meine ich. Eine Ssack voll Ssilbertaler braucht ihr sson für ssie, sso viel ist ssicher«, lispelt er sich geradezu in einen Rausch.

»Das ist wirklich Mittelalter«, sage ich und schüttle den Kopf. »Gustaf, Frauen *studieren* heutzutage!«

»*Varför då?*«, fragt Gustaf erstaunt.

»Wofür? Weil … weil …«, stottere ich. Wie soll man auf so eine dämliche Frage eine gescheite Antwort finden?

»Das frage ich mich auch manchmal, wofür das gut sein soll«, prustet Achim los.

Oje, das Niveau sinkt knapp unter Stammtischkante. Wurzeln alle Männerfreundschaften auf einem derart primitiven Boden?

Vergnügt stoßen die beiden Männer miteinander an. »Heja!«

»Prost.«

»Auf die ssöne, neue Fernsseher!«

Ich rutsche in die Ecke des Sofas, nippe am *Châteauneuf-du-Pape* und versuche mich auf *Mamma Mia!* zu konzentrieren. Allein unter Chauvis: Das kann ein heiterer Abend werden.

17.

Ich habe Durst, mir ist schlecht, ich habe Kopfschmerzen. Aua!

Heute Morgen hat Achim den Kindern das Frühstück gemacht. Dafür hat er sich eine Tapferkeitsmedaille verdient, eine am Bande, mit Eichenlaub und sich kreuzenden Schwertern. Ich wäre dazu nicht in der Lage gewesen. Ich bin nur kurz runter in die Küche, um mir einen Tee zu machen, dann habe ich mich wieder ins Bett verkrochen. Zum Glück ist Sonntag, und ich muss nicht arbeiten.

Achim hat mir mitleidig über den Rücken gestreichelt und den Kindern erklärt, dass ich krank wäre, aber Kim hat nur gelacht und mich altklug belehrt: »Mama, man soll nicht trinken, wenn man es nicht verträgt.«

Kleines, komm du mir zum ersten Mal betrunken nach Hause! Für den Morgen danach engagiere ich einen ganzen Fanfarenzug, der laut trompetend ums Haus zieht und *La Cucaracha* spielt. Leiden sollst du!

Oder wir verkuppeln sie tatsächlich schnellstmöglich, so wie Gustaf es empfohlen hat. Vielleicht wurden junge Frauen früher deshalb so schnell verheiratet, damit die pubertierende Göre endlich aus dem Haus war. So gesehen war nicht alles schlecht damals. Wir können vom Mittelalter noch viel lernen!

Es war nicht bei der einen Flasche Rotwein geblieben. Ich

glaube, insgesamt waren es fünf oder sechs. Gustaf kann saufen wie ein Elch. Aber ist das ein Wunder? Er hat keine Blutbahn, seine Leber existiert offenbar eher virtuell. Außerdem ist er Schwede, die sind darin trainiert.

Ich kann mich nicht mal mehr erinnern, wie ich ins Bett gekommen bin. Ich weiß nur noch, wie Gustaf säuselte, so einen tollen Hintern hätte er seit Jahrhunderten nicht mehr gesehen. Und dann noch irgendwas mit *knulla*. Betrunken, wie ich war, fand ich das sogar lustig. Aber jetzt? Unverschämtheit! Was erlaubt er sich, der Kerl? Mein Arsch gehört mir.

Erst gegen Mittag treibt mich die Langeweile aus dem Bett. Die Kopfschmerztablette hat wunderbar angeschlagen. Lukas ist vorhin von seinem Fußballtrainer zum Auswärtsspiel abgeholt worden. Das dauert, bis er nach Hause kommt. Mir ist nach einem ruhigen Sonntagnachmittag mit einem Buch zumute, erst auf dem Sofa, dann in der Badewanne. Das wird mir guttun.

Als ich es mir gerade mit einer heißen Tasse Tee im Wohnzimmer gemütlich gemacht habe, klingelt es an der Tür. Sollen sich die anderen doch darum kümmern. In meinem Zustand werde ich jede unnötige Bewegung vermeiden.

Kim ist als Erste an der Haustür, ich höre, wie sie aufmacht und die Tür dann wieder schließt. Leise, zum Glück.

»Warte, Dustin. Ich hole nur noch schnell meine Inliner!«

Dustin?!

Keine gefühlte Minute später sitzt der schlaksige junge Mann in unserem Wohnzimmer brav am Tisch, hat ein Gedeck vor sich stehen und bekommt von mir Kaffee eingeschenkt. Das volle Programm. Da muss er durch. Und Kim erst recht.

»Aber wir müssen gleich los«, fleht sie.

»Pack du nur deine Sachen. Ich unterhalte mich solange mit deinem netten Freund«, sage ich und lächle herzlich.

Augenrollend verschwindet Kim wieder.

Hach, ist der süß. Da könnte einem glatt die Milch einschießen. Pfiffig sieht er ja aus mit seinem schmalen, freundlichen Gesicht und der beliebten Justin-Bieber-Frisur. Wenigstens ist er keiner dieser selbstgefälligen Angebertypen. Aber bis aus dem ein Mann wird, haben die Hormone noch viel Arbeit vor sich. Dustin ist noch ein echter Milchbubi und offensichtlich unglaublich schüchtern. Der Arme, er traut sich kaum zu atmen, mir scheint, er hält die ganze Zeit die Luft an. Falls er keine Kiemen hat, dann dürfte er uns gleich bewusstlos vom Stuhl kippen.

Immer wieder äugt er ängstlich zu Kims Vater hinüber, der ihm gegenübersitzt, die Hände zu Fäusten ballt und ihn wie einen Verbrecher beim Verhör mit seinem Blick fixiert. Dieser Blick sagt: Wenn du meine Tochter anfasst, bist du tot. Wahrscheinlich lädt er innerlich schon durch. An Dustins Stelle hätte ich auch Angst.

Jedes Mal, wenn Dustin zum Sprechen den Mund aufmacht, schnappt er kurz nach Luft wie ein Fisch auf dem Trockenen, und dabei stößt er ein Geräusch aus, das beinahe wie ein Schluckauf klingt. Diese Marotte muss er sich dringend abgewöhnen, sonst hält es Kim keine zwei Wochen mit ihm aus. Außer sie verschwenden ihre Zeit nicht mit reden, woran ich jetzt aber lieber nicht denken will …

»Bist du mit Kim in einer Klasse?«, frage ich höflich.

»M'nö.«

»Älter?«

»M'joa.«

»Wie alt bist du denn schon, Dustin?«

»M'fünfzehn.«

»Und gleich geht's ans Rheinufer zum Skaten?«

»M'joa.«

»Und du wohnst in der Innenstadt?«

»M'joa.«

Na, wenigstens ist er kein Schwätzer.

Aus dem Flur ruft Kim: »Dustin, na los. Können wir endlich?«

»M'joa!«

Der Arme – er ist erlöst. Dustin springt auf, bedankt sich höflich für den Kaffee, dann rennen die beiden zur Tür hinaus. Wir werden heute nicht mehr herausfinden, ob Dustin auch in ganzen Sätzen sprechen kann.

Achim sieht den beiden durchs Flurfenster nach. Ich stelle mich auf Zehenspitzen hinter ihn und schaue ihm über die Schulter.

»Die erste Liebe, wie romantisch«, sage ich.

»Hm«, brummt er. »Was meinst du, Schrot oder normale Patrone?«

»Achim, sie gehen zusammen inlineskaten, mehr nicht.«

Um besser sehen zu können, verrenkt mein Mann sich und beugt sich vor, bis er mit der Wange fast an der Scheibe klebt. »Guck mal, wie flink der Bengel ist. Ich glaube, ich nehme Schrot.«

»Wenn du nicht aufhörst, dann jage ich dir gleich eine Ladung Schrot in den Hintern. Achim, die beiden sind glücklich, freu dich gefälligst für deine Tochter.«

Achim dreht sich um und breitet leidend die Arme aus. »Aber … sie ist doch noch viel zu jung«, klagt er. »Weißt du noch, wie sie uns neulich gesagt hat, dass der Regenbogen ihr ein Pony bringen soll? Sie glaubte, der bringt die Geschenke.«

»Achim, da war sie fünf!«

»Viel älter ist sie jetzt auch nicht!«

»Sie hat ihn gern. Wir sollten ihn akzeptieren.«

»Du hast ja recht, aber – was, wenn er doch ein Flegel ist?«

»Hm …«

Nun bin ich es, die nachdenklich aus dem Fenster schaut. »Dann bin ich für Schrot!«

18.

Geht das schon wieder los? Im Keller haben die Flaschen ge-
klimpert, das war bis hier oben zu hören. Und das mitten in der
Nacht. Ja, spinnt dieser Wahnsinnige denn? Der Vierhundert-
jährige, der in unserem Keller schlief und trank. Ich zieh mir das
Kissen über den Kopf und versuche wieder einzuschlafen. Wenn
ich jetzt auf den Wecker schaue, dann ärgere ich mich nur noch
mehr. Was ist daran so schwer, eine Flasche aus dem Regal zu
nehmen, sie zu entkorken und dann auszutrinken? Und dabei
keinen Höllenlärm zu veranstalten!

Das helle Klirren gerade waren wohl unsere Weingläser im
Küchenschrank. Meinetwegen können die ruhig kaputtgehen,
die waren nicht teuer und wir könnten uns endlich neue, schö-
nere anschaffen. Darüber wollte ich mit Achim sowieso schon
verhandeln. Am besten bestelle ich einfach welche, die mir gefallen, oder ich schiebe einen Wunschzettel unter Gustafs Tür
durch, bevor der Rest der Familie auf diese Idee verfällt.

Ich ziehe das Kissen wieder vom Gesicht. Ich sollte wirklich
nicht auf den Wecker schauen … Was steht da? Schon kurz vor
halb eins? Mist!

Ich werfe mich herum. Natürlich könnte ich zu Gustaf hinun-
tergehen, nur will mir partout nichts einfallen, was ich ihm sagen

oder womit ich ihm drohen könnte. Ohne Abendessen ins Bett? Das wäre ja lachhaft.

Dann ist es unten ganz still, und ich drehe mich zur Seite, um mich an mein Kissen zu kuscheln.

Rollerollerolle.

Wieder wach.

Eine leere Flasche, die über Fliesen rollt. Das Geräusch ist so nervtötend wie unverwechselbar. Seine wievielte ist das heute Nacht schon? Ist er Alkoholiker oder einfach nur Schwede? Gibt es da einen Unterschied?

Na, immerhin: Zu Tode saufen kann er sich nicht mehr.

Hoffentlich ist er wenigstens den Rest der Nacht leise, denn ich habe nicht vor, aufzustehen. Oh nein!

Gerade falle ich in einen kurzen Sekundenschlaf, als ich schon wieder hochfahre. Ich kann nicht mehr, ich will nicht mehr, hört das denn nie auf? Wie war das, bin ich erst von der Musik geweckt worden und dann hat Achim an mir gerüttelt, oder war es andersrum? Egal, das Ergebnis ist das gleiche: Ich bin ziemlich wach und fühle mich wie zerschlagen, nur mit Mühe kriege ich die Augen auf.

Ich schaue auf den Wecker: Kurz nach zwei. Oh Mann.

»Ist okay. Ich geh schon«, seufze ich.

»Ich komme mit«, gähnt Achim.

Irgendwie schaffe ich es im Halbschlaf, meine Füße in den Findet-Nemo-Puschen unterzubringen, dann schlurfe ich Achim hinterher. Auf der Treppe wummern uns schon die Bässe entgegen, und als wir ins Erdgeschoss kommen, liegt mitten im Flur eine leere Rotweinflasche.

Achim und ich folgen den Spuren, bis wir ins Wohnzimmer schauen, aus dem die Musik immer lauter dröhnt.

»*You gotta fight! For your right! To paaaaarty!*«

Was für ein Bild. Ein vierhundertjähriger Musketier in Männerstrumpfhosen hüpft auf unserem Sofa herum und veranstaltet ein wildes Headbanging, die eine Hand streckt er zum Rockergruß in die Luft, mit der anderen hält er seinen Filzhut auf dem Kopf. Die Sofakissen sind kreuz und quer über das Wohnzimmer verteilt, unterm Couchtisch liegt eine weitere leere Flasche, und Gustafs Weinglas auf dem Tisch hat einen Sprung.

»Scheiße, Gustaf!«, brülle ich. »Was soll das?«

»Heja! Kommt, trinkt, feiert, meine Freunde! Man lebt nur einmal!«

Während Achim die Musik leise dreht, schimpfe ich weiter: »Gustaf, wir wollen schlafen. Wir sind nicht tot – uns kann man wecken!«

Genüsslich grinsend zeigt Gustaf auf mich und sagt zu Achim: »Ssie ist sso ssexy, wenn ssie wütend ist!«

»Aaargh!«

Achim gibt ein resigniertes Knurren von sich. »Manchmal wünscht man sich wirklich Wallensteins Truppen zurück.«

Da verfinstert sich auf einmal die Miene unseres Schweden. Verärgert zieht er seine struppigen Augenbrauen zusammen. »Oh nein, mein Kumpan, das wünschst du dir nicht«, zischt er. »Du kennst ihn nicht.«

»Aber du, du kanntest ihn?«, sagt Achim und blickt Gustaf erstaunt an.

»*Naturlig.*«

»Wallenstein?«

»Ja, ich habe ihm in die Stiefel gepinkelt.«

»Du hast *was*?«, fragt Achim.

»Das war damals, bei die Würfelspiel in Prag. Der war vielleicht wütend …«, erklärt Gustaf lachend.

Auf einmal ist Achim Feuer und Flamme. Er hockt sich zu Gustaf aufs Sofa. »Erzähl!«

Na dann, viel Spaß. Meinetwegen können die beiden Männer noch die ganze Nacht lang alte Saufgeschichten austauschen. Hauptsache, sie tun es *leise*!

»Schön. Aber räumt auf, wenn ihr fertig seid …«, gähne ich, bevor ich den Raum verlasse. Im Schlafzimmer angekommen, setze ich mich aufs Bett, lasse die Clownfische von meinen Füßen plumpsen. Endlich kann ich mich wieder hinlegen.

Es ist zwei Uhr, 23 Minuten und …

Chrrr-chrrr-chrrr …

19.

Fünf leere Weinflaschen! Aber immerhin haben sie das Wohnzimmer halbwegs wieder hergerichtet, Respekt! Die paar Rotweinflecken auf dem Parkett bekommt man schnell wieder weg. Bis Achim herunterkommt, kann es aber noch dauern. Eben lag er noch platt auf dem Rücken, sein Schnarchen hat wie eine elektrische Kaffeemühle geklungen und das ganze Bett wackeln lassen.

Wieso ist das Leben so ungerecht? Ich muss in der Klinik zu festen Zeiten anfangen, aber der Herr Marktforscher hat Gleitzeit und kann zur Not sogar von zu Hause aus arbeiten. Dafür findet er zu Feierabend immer später heim, neulich zum Beispiel erst um neun Uhr. Ein neues Projekt, sagt er dann meistens. Das sei eben manchmal so. Wenn es hart auf hart käme, müsse er Überstunden schieben.

Während ich fürs Frühstück schnell noch ein paar Tassen spüle, fallen mir fast die Augen zu. Ich habe mal überschlagen, wie viel Schlaf ich am Wochenende bekommen habe: im Schnitt pro Nacht vielleicht vier Stunden netto.

Wenn wir früher nicht zum Schlafen gekommen sind, dann weil wir uns bis Sonnenaufgang geliebt haben. Aber wenn das so weitergeht, kein Schlaf und kein Sex, dann wird es dringend Zeit, über getrennte Schlafzimmer nachzudenken. Das Geschnarche und die Alkoholfahne muss ich mir nicht mehr antun – und Platz genug haben wir hier allemal. Meinetwegen ziehe ich freiwillig in das leere Arbeitszimmer, das wir noch einrichten wollten. Hauptsache Schlaf!

Kim schaut amüsiert auf ihr Smartphone, während sie in die Küche schlurft. Sie lacht. »Lustig!«

»Was denn?«

»Ach, nichts ...«

Sie tippt ein paar Mal aufs Display, dann lacht sie erneut. Ich beuge mich ein wenig zur Seite, um einen Blick erhaschen zu können, und sehe den charakteristischen blauen Streifen. Facebook, aha.

»Liebes, wir hatten abgemacht, dass wir sehen dürfen, was du auf Facebook so treibst«, belehre ich Kim.

»Wir sind jetzt Freunde.«

»Wer? Du und Dustin? Glückwunsch, freut mich.«

»Ach was, mit dem bin ich doch in einer Beziehung«, lacht Kim. »Nein, ich und Gustaf. Er hat mir eine Anfrage geschickt.«

Als sie ihren Zeigefinger ausstreckt, um die Freundschaft zu bestätigen, flutscht mir vor Schreck die Kaffeetasse aus der Hand zurück ins Spülwasser, wo sie zerspringt. »Kim, das machst du nicht!«

Was mütterliche Verbote so bewirken: Meine Tochter ignoriert mich noch nicht mal, sondern tippt nur kurz auf das Display, dann hält sie es mir stolz vor die Nase. »Guck mal, voll spooky«, verkündet sie fröhlich.

Das Foto, das sie geöffnet hat, zeigt ein schwebendes Handy vor einer dunklen Kellerwand. Mehr nicht. Dass am Rande steht:

Gustaf Birger Gunnarsson und Kim sind jetzt Freunde, das finde ich noch viel mehr *spooky*.

»Was ist das?«, frage ich ahnungslos.

»Sieht man doch: Gustaf.«

»Aber – wo ist er?«

»Kapierst du nicht?«, gluckst Kim.

»Nee.«

»Er ist ein Gespenst!«

»Ja und?«

»Mama, Gespenster kann man nicht fotografieren, das weiß man doch! Es geht nicht, du siehst sie nicht. Geiler Trick, oder? Gustaf ist echt cool!«, schwärmt sie.

Ja, ganz toll. Gustaf säuft und feiert auf unsere Kosten, er ist ein Chauvi und reißt miese Sprüche, außerdem verprasst er hinter unserem Rücken unsere Kohle. Aber wozu mache ich mir Gedanken, wie man so ein Gespenst loswerden könnte? Meine Familie liebt ihn. Lukas ist sein Fan, mein Mann schlägt sich mit ihm ganze Nächte um die Ohren, und Kim findet es voll cool, mit ihm auf Facebook befreundet zu sein. Vielleicht bin ich mal wieder zu negativ, aber ich sage, dass das kein gutes Ende nimmt.

Dieses Gespenst ist eine tickende Zeitbombe.

Als ich mich mit meinen bleischweren Augenlidern ins Schwesternzimmer schleppe, grinst Schwester Regine mich schadenfroh an. »Was ist denn mit Ihnen los? Sieht nach 'nem harten Wochenende aus.«

»Fragen Sie nicht«, seufze ich.

»Sex and drugs and Rock 'n' Roll?«

»Schön wär's.«

»Ja. Hätte mich bei Ihnen auch gewundert«, spottet sie.

Was soll der Spruch denn jetzt? Wieso muss sie mir den reinwürgen? Traut sie mir nicht zu, dass ich mal einen draufmache, weil mir ein Ruf als langweilige Spießerin vorauseilt? Ich nehme den größten Becher, der aufzutreiben ist, und gieße mir Kaffee ein, dann nehme ich ein paar Schlucke und schenke gleich wieder nach. Am liebsten würde ich in einem Zug die ganze Kaffeekanne leer trinken – und danach eine Klinikpackung Hallowach-Pillen aus der Krankenhausapotheke einwerfen. Vielleicht ein paar Amphetamine. So einem kleinen Medikamentenmissbrauch würde ich heute durchaus aufgeschlossen gegenüberstehen.

Wer trägt mich zum Büro? Wo ist meine Couch? Wie soll ich diesen Tag nur überleben?

Auf dem Schreibtisch liegt die Akte der alten Dame, Frau Nettekoven. Aber was heißt schon alt bei sechsundachtzig Jahren? Ist ja noch zweistellig. Zu Hause bin ich neuerdings ganz andere Dimensionen gewohnt.

Die Patientenakte sagt, dass sie unter Herzinsuffizienz und Herzrhythmusstörungen leidet. An ihrer linken Schläfe ist ein Hauttumor aufgetreten, der aber langsam wachsend ist und nicht weiter behandelt werden muss. Ihre Knie und die Hüfte bereiten ihr zunehmend Probleme. Bisher hat sie in einem Seniorenwohnheim gewohnt und ist dort noch gut allein zurechtgekommen. Aber all das ist jetzt nicht das Thema.

Ich muss unbedingt erfahren, was es mit diesem Friedrich auf sich hat, von dem sie ständig redet.

Unser Gespräch ähnelt einem Kaffeekränzchen, ich habe sogar Plätzchen mitgebracht. Ja, manchmal gehört Gebäck zu meinem

Arbeitswerkzeug, da mögen unsere Ärzte noch so sehr spotten. Das nehme ich gerne in Kauf.

Ich ziehe den Stuhl heran, setze mich zu Frau Nettekoven und greife ihre faltige Hand. »Frau Nettekoven, erzählen Sie mehr über Ihren Friedrich.«

Sie wird unsicher und sieht sich um, schaut zur Tür und aus dem Fenster. »Warten sie ... Er muss doch gleich wiederkommen ...«

»Wie haben Sie sich denn kennengelernt?«

»Also, das war neulich ...«

Was auch immer *neulich* bedeuten mag. Ich frage lieber nach. »Frau Nettekoven, wer ist unser Bundeskanzler?«

Frau Nettekoven sieht mich verständnislos an, so als wollte sie sagen: Was soll das, wie kann man nur so eine törichte Frage stellen? Wer Bundeskanzler ist, das weiß doch wohl jeder!

»Ja, der alte Adenauer. Oder nicht?«

20.

Als ich die Haustür aufschließen will, klingelt mein Handy. Es meldet sich Lukas' Klassenlehrerin. Nanu, ist was Schlimmes passiert? Seine Schule hat mich noch nie angerufen. Ich wusste noch nicht mal, dass die meine Handynummer haben. Außerdem erinnere ich mich nicht, die Frau jemals kennengelernt zu haben. Zum letzten Elternsprechtag ist Achim gegangen.

»Was hat der Bengel angestellt?«

»Nichts, keine Sorge. Ich würde nur gern mit Ihnen etwas besprechen. Können Sie das einrichten?«

»Wozu müssen wir etwas besprechen, wenn er nichts angestellt hat?«

»Ach, wissen Sie – Ihr Sohn verhält sich in jüngster Zeit etwas merkwürdig.«

Seine Klassenlehrerin spricht fast emotionslos, aber mit dezent leidendem Unterton, so wie mein Zahnarzt, wenn er mir erklärt, dass er bohren muss. Meistens sagt er dann: »Tut gar nicht weh.« Aber dann tut es doch immer weh, und ich springe vor Schreck an die Decke. Die Stimme der Lehrerin lässt keinen Zweifel: Es drohen Schmerzen. Ich weiß nicht, wie Lukas es mit der Frau aushält, wenn sie mich schon mit den wenigen Worten aggressiv macht. Wahrscheinlich wird deswegen Ritalin an überdrehte Kinder verteilt: wegen Lehrerinnen mit nöligen Stimmen.

Ich spiele die Ahnungslose. »Unser Lukas – merkwürdig?«

»Ja.«

»Das wundert mich, gegen seine pubertierende Schwester ist er ein Sonnenschein. Frau …, äh, können wir das nicht am Telefon klären?«

»Ich würde das lieber mit Ihnen persönlich besprechen. Es ist nichts Dramatisches, machen Sie sich keine Sorgen.«

Oha! Ab jetzt schrillen bei mir endgültig alle Alarmsirenen. *Machen Sie sich keine Sorgen, wir wollen nur ein kurzes Gespräch führen …*

Das ist nie ein gutes Zeichen.

Wahrscheinlich werden die verheerendsten Katastrophen auf diese Weise angekündigt: »Ein Meteorit rast auf die Erde zu: Wir müssen reden.« – »Die Pest ist ausgebrochen, aber machen Sie sich keine Sorgen.« – »Ryan Gosling ist leider schwul. Möchten Sie Kekse?«

Wenn ich mir keine Sorgen machen sollte, wozu müssen wir uns dann treffen? Was soll das? Harmlose Dinge könnten wir auch am Telefon klären. Anstrengend, diese Lehrerin. Ich beschließe spontan, sie nicht zu mögen.

Nachdenklich schließe ich die Tür und fange an, meinen Mantel aufzuknöpfen. Da sehe ich den Stapel. Gleich neben der Tür. Das müssen sieben oder acht Pakete sein, alle vom Online-Händler.

Nicht schon wieder!

Meine Kinder hatten schon im Wohnzimmer darauf gelauert, dass ich nach Hause komme. Während Lukas vergnügt auf die Pakete zuhüpft, bleibt Kim feixend im Türrahmen stehen.

»Lukas, Kim: Wo kommen die Pakete her?«

111

»Och, Mama. Steht doch drauf – von Amazon.«

»Wer hat die angenommen?«

»Ich«, flötet Kim unschuldig.

Und ich kann ihr nicht mal böse sein. Wie soll sie entscheiden, welche Pakete sie annehmen darf und welche nicht? Außerdem: Bestellt ist bestellt. Wir können die Pakete sowieso nicht zurückgeben. Das könnte nur einer hier im Hause: Gustaf.

Dieser Quälgeist ist nicht nur ungehobelt und versoffen, nein: Er ist auch noch kaufsüchtig – und er lässt uns dafür zahlen. Und wir tun es.

Dafür gibt es unter Psychologen einen Ausdruck.

> **Co-Abhängigkeit, die**
> *Von einer Sucht sind immer auch Menschen im Umfeld des Kranken betroffen. Sie versuchen zu helfen, zu vertuschen oder zu rechtfertigen. Oft zahlen sie auch für die Sucht, was häufig im finanziellen Ruin endet.*
> *Eine Co-Abhängigkeit verläuft in drei Phasen: Beschützerphase, Kontrollphase, Anklagephase. Am Ende steht vollständige Hilflosigkeit.*

Uns kann man bei der dritten Phase einstufen – auf dem Weg zum finanziellen Ruin: Ich zahle, ich vertusche – und ich würde sofort Gustaf den Hals umdrehen, wenn er verdammt noch mal einen hätte!

Was soll ich groß drum herumreden? Rein fachlich betrachtet sind wir am Arsch. Wir stecken sogar knietief in der Scheiße.

»Kinder, wisst ihr, was in den Paketen ist?«

»Frag Lukas, der hat den Wunschzettel geschrieben«, prustet Kim.

»Lukas, was hast du …?«

»Und dann hat er ihn unter Gustafs Tür durchgeschoben!«

»Kinder, bitte wartet einen Moment …«

Ich muss kurz mal vor die Tür, um laut zu schreien.

Als ich zurückkomme, ist das erste Paket bereits geöffnet: Lukas packt glücklich eine Playstation aus. Zum Vorschein kommen anschließend noch Surround-Lautsprecher, ein HD-Receiver, ein Media-Server, eine Action-Cam für unterwegs, ein Hubschrauber mit Fernsteuerung, Computerspiele, zwei Geräte, die ich nicht im Entferntesten einordnen kann, und DVDs von Filmen, die mich einen Dreck interessieren. Ein paar sind auch noch auf Schwedisch, das ist die größte Frechheit. Die versteht in diesem Haushalt nur einer, und der haust im Keller.

Kim pflückt zielsicher eine DVD aus dem Stapel. Die neueste Staffel *Girls*.

»Meine!« Auf dem Weg zu ihrem Zimmer bedankt sie sich bei Lukas. »Guter Bruder.«

Es wären genug Weihnachtsgeschenke für die nächsten fünf Jahre.

Alle bekommen das, was sie sich wünschen, nur ich nicht.

Was soll der Quatsch, warum bin ich so bescheiden? Wieso bestelle ich mir nicht ein Dutzend Paar Schuhe in Größe 41 und schreie vor Glück statt vor Verzweiflung? Und dazu noch einen neuen E-Reader und eine dieser schicken vanillefarbenen Küchenmaschinen, die wirklich alles können …

Was sollen wir nur machen? Wo bleibt Achim überhaupt?

Wir müssen reden, wir brauchen einen Plan.

Gegen Mitternacht klingelt der Wecker. Unten ist es verdächtig leise. Keine Flaschen, die klirren, keine laute Musik. Ich stecke meine Füße in den linken und rechten Plüsch-Nemo, dann trotte ich los.

Die Sache ist die: Es gibt keinen Plan. Was Gustaf angeht, können wir es nur im Guten probieren, ansonsten steuern wir zielsicher auf den Offenbarungseid zu. Achim meinte, deshalb wäre es besser, wenn ich mit Gustaf rede. Das war so klar: Achim säuft und feiert mit dem Gespenst, aber wenn es ein Problem gibt, dann muss ich ran und mir auch noch die Nacht mit Gesprächen um die Ohren schlagen.

Im Wohnzimmer flackert es wieder bunt.

Aha, dann dürfte Gustaf wohl vorm Fernseher sitzen.

Ich schaue um die Ecke: Das glaube ich nicht!

»Lukas!«

Er sitzt neben Gustaf auf dem Sofa, gemeinsam zocken sie auf dem Fernseher. Das müsste dieses FIFA-Fußballspiel sein.

Sein Blondschopf fliegt zur Seite, Lukas sieht mich erschrocken an. »Oh-oh …«

»Ab ins Bett, Sohnemann«, befehle ich. »Aber schleunigst.«

Kommentarlos flitzt er los, ohne sich von Gustaf zu verabschieden. Er weiß ganz genau, dass er Mist gemacht hat. Genau so sieht ein Zehnjähriger mit einem sehr, sehr schlechten Gewissen aus.

»Wir reden morgen darüber«, rufe ich ihm noch nach.

Gustaf lächelt milde. »Ah, sso ist das mit die Kinder. Immer nur Ärger. Aber ssie geben dir auch sso viel zurück!«

Ich schließe kurz die Augen und stelle mir vor, wie ein Fleischermesser durch die Luft wirbelt und sich tief in Gustafs Brust bohrt, woraufhin er röchelnd zusammensackt. Ein schönes Bild. Allmählich beginne ich zu verstehen, warum seine Verwandtschaft ihn in der Badewanne erdolcht hat. Wenn ihr mich fragt: Es war wegen erwiesener Unverfrorenheit.

Aber was hilft es? Irgendwie muss ich mich ja mit diesem Wesen verständigen. Wie auch immer das gehen soll, eins weiß ich bestimmt: Er ist vierhundert Jahre alt – und er ist ein Mann. Männer sind wie große Kinder, sie werden nie vernünftig. Wie soll ich ausgerechnet Gustaf beibringen, dass wir etwas ändern müssen – und zwar jetzt sofort?

Das schaffe ich nicht mal bei meinem eigenen, mir angetrauten Ehegatten. Und den halte ich für ein Wesen mit Y-Chromosom noch für erstaunlich vernunftbegabt.

Aber wie heißt es in der Psychologie so schön: Man muss die Menschen dort abholen, wo sie sind. Also los. Ich atme einmal tief durch.

»Gustaf, das geht so nicht weiter …«

»Wieso? Es ist doch sehr ssön mit uns zwei.«

»Genau, genau, Gustaf. Uns gefällt es auch mit dir.«

»Ich finde dich auch ganz bezaubernd.«

»Danke. Wir wollen doch, dass wir harmonisch zusammenleben …«

»Das will ich auch.«

»Gut, dann lass uns eine Verabredung treffen!«

Gustaf nickt. »Gern!«

Wer hätte das gedacht? Unser Hausgespenst zeigt sich erstaunlich einsichtig. Jetzt bloß keinen Fehler machen, denke ich. Ich muss mir gut überlegen, was ich als Nächstes sage.

Während ich noch nach den passenden Worten suche, säuselt Gustaf auf einmal: »Deine Augen ssind sso tief und klar wie eine sswedische Bergsee in die Midsommarnacht.«

»Bitte was?«

»Saskia, du hast wunderssöne Augen, wollte ich ssagen.«

»Ähm … Danke …«

Das wird ja immer besser. Jetzt macht er mir sogar schon Komplimente. Vielleicht ist er doch gar kein so ungehobelter Kerl, wie ich immer dachte.

»Und eine sexy Popo. Der macht mich ssarf, ssehr ssarf. Schon immer.«

Er rückt auf der Couch wieder ein Stück näher. Ein allzu deutlicher Duft von Kernseife sticht mir unangenehm in die Nase. Aber wer weiß, vielleicht tue ich Gustaf auch unrecht. Vielleicht war Kernseife das *Davidoff Cool Water* des siebzehnten Jahrhunderts. Auf jeden Fall riecht er immer noch besser als andere Männer, die gar kein Deodorant benutzen und noch keine vierhundert Jahre tot sind, aber so riechen, als wären sie es.

»Gustaf, äh, wird das hier 'ne Anmache?«

Empört rutscht er von mir weg. »Das fragst du mich? Du hast doch angefangen!«

»Ich? Nein!«, wehre ich mich.

»Aber – was ssoll das hier dann?«

»Was das soll? Wir sind pleite, wir können uns den ganzen Elektronikschrott, den du bestellst, nicht leisten. *Das* wollte ich dir sagen.«

»Okay«, sagt Gustaf, mehr nicht.

Hab ich das richtig gehört, hat er mir gerade zugestimmt?

Ich frage zur Sicherheit lieber noch mal nach. »Das ist für dich – okay?«

»Ja. Weißt du, ich brauch das alles nicht.«

»Wow …«

»Ich hab sson alles …« Gustaf beginnt aufzuzählen: »Die Fernsseher, die Playstation, die Nikon-Kamera, die Grill mit die Gasanschluss …«

»Grill, Kamera? Davon weiß ich noch gar nichts!«

»Ach sso. Hatte Lieferzeit. Kommt noch.«

»Verdammt, Gustaf! Das sind wieder ein paar Tausend Euro!«

»Ja, aber dann ist Schluss. Ehrenwort.«

»Na toll. Danke, klasse.«

Hoffentlich können wir uns auf sein Versprechen verlassen, denn sonst weiß ich wirklich nicht mehr weiter: Wir stecken bereits bis zum Hals im Dispo.

»Und dafür kommst du mitten in die Nacht ssu mir, nur mit eine dünne T-Shirt an und ssetzt dich neben mir auf die Ssofa …?«, versucht Gustaf es ein letztes Mal.

»Entschuldige mal«, protestiere ich. »Du *schläfst* tagsüber!«

»Saskia, ich glaube, du bist eine ganz schöne Zicke. Und weißt du was? Ich steh drauf! Rrrr …!«

Eine schöne Zicke? Meinetwegen. Sein Problem.

Inzwischen bin ich viel zu müde, um das auszudiskutieren. Ich gehe jetzt ins Bett, und wenn Gustaf uns ab sofort mit weiteren Bestellungen verschont, kann er mir gern beim Gehen auf den Hintern starren.

Wenn es sonst keiner tut …

21.

Guten Morgen!

Seit langer, langer Zeit habe ich zum ersten Mal wieder durchgeschlafen. Welch ein Luxus. Gustaf hat uns den Rest der Nacht in Ruhe gelassen, wahrscheinlich hat er vor dem Fernseher gesessen und seinen Single-Kummer in Rotwein ertränkt. Solange er es leise macht, ist alles in Ordnung.

Aber Lukas war heute Morgen kaum wach zu bekommen, und als ich ihn endlich ins Bad verfrachtet hatte, musste ich aufpassen, dass er beim Zähneputzen nicht mit der Bürste in der Hand gleich wieder einschläft. Ich habe es mit einem kleinen Trick versucht, auf den ich gerne zurückgreife: »Wer als Erster in der Küche ist, hat gewonnen.« Doch heute hat unser Wettrennen nicht funktioniert, weil Lukas sich nur müde die Treppe herunterschleppen konnte. Jetzt sitzt er schlaftrunken am Frühstückstisch, mümmelt an seinem Toast und schweigt. Hoffentlich schafft er es gleich im Unterricht, wach zu bleiben, denn wenn er einschläft, wird mir seine Klassenlehrerin das heute Nachmittag brühwarm unter die Nase reiben.

Natürlich könnten wir sagen, er solle ausnahmsweise zu Hause bleiben, aber das wäre ja noch schöner, wenn wir seine nächtliche Session vor der Playstation mit einem schulfreien Tag belohnten.

Was würde er dann wohl tagsüber machen? Vermutlich zocken und fernsehen. Nein, Sohnemann geht heute schön zur Schule! Sonst bräuchten wir ihn gar nicht erst am Gymnasium anzumelden, sondern könnten ihn gleich ins Dschungelcamp schicken!

Auf der Inneren ist der Hühnerhaufen mal wieder in Aufruhr. Die Schwestern stehen vor dem Dienstzimmer, stecken die Köpfe zusammen und gackern.

»Was gibt's?«, frage ich interessiert.

»Der Doc …«, kichert eine der Kolleginnen.

»Doktor Sittler?«

»Ja. Wir haben ihn in flagranti erwischt«, dröhnt Schwester Regine über alle anderen hinweg. »Mit seiner neuen Flamme.«

Gleich plappern wieder alle auf einmal:

»War ihm das peinlich!«

»Sie war total nackt.«

»Die ist aber auch granatenschlank! Size Zero, ich sag's euch.«

»Ich mach mich auch nackig!«

Ahnungslos frage ich: »Sie haben wirklich miteinander …?«

Wieder prusten alle los:

»Ich schwöre, es war kurz davor!«

»Also, wenn wir nicht gewesen wären …«

»Einfach hemmungslos, die beiden!«

»Wir konnten sie kaum auseinanderkriegen.«

»Mit wem hat er denn …?«, bohre ich weiter. »Chiara?«

»Quatsch, die ist doch weg. Mit der Patientin von der 328.«

»328?«, frage ich besorgt.

Die Schwestern nicken.

»Frau Nettekoven hat sich ausgezogen?«

»Ja«, gluckst eine der Schwestern, »splitterfasernackt, komplett.«

»Die traut sich was.«

»Die ist über achtzig!«

»Das nenn ich mal Torschlusspanik!«

»Wie hat Dr. Sittler reagiert?«, frage ich.

»Wie schon?«, sagt Schwester Regine und lacht mich an. »Er war geblendet von so viel Schönheit.«

Die nächste Schwester ergänzt: »Na ja, jedenfalls hat er sich die Hand vor die Augen gehalten und laut *Oh mein Gott* gerufen …«

»Herrje. Und dann?«

»Ist er raus.«

Ich kann es kaum glauben. »Weil sie *nackt* war?«

»Na ja, die Situation war ihm wohl irgendwie peinlich …«

»Aber – er ist *Arzt*!«

Ich frage mich, um wen ich mich mehr kümmern muss: um Frau Nettekoven oder um den Doc. Ältere Patienten im Krankenhaus sind nun mal oft verwirrt, so was kommt vor, aber da muss man doch drüberstehen. Ärzte sehen ständig nackte Körper. Das ist nicht immer schön, aber das gehört zum Alltag.

Vor irgendetwas hat der gute Dr. Sittler Angst. Aber wovor: Frauen, Nähe, Alter? Wahrscheinlich ist es alles zusammen, denn zufälligerweise sind das genau die drei Dinge, mit denen kein Mann klarkommt.

Dr. Sittler fängt mich vor meinem Büro ab.

»Ah, der Gigolo«, begrüße ich ihn.

»Saskia, ich dachte, Sie hatten mit Frau Nettekoven gesprochen!«

»Habe ich auch …«

»Hat nicht geholfen. Die Patientin wird immer aufdringlicher.«

»Dr. Sittler, Frau Nettekoven muss sehr verwirrt sein …«

»Weil sie versucht, mich zu verführen? Aha.«

»Ja, nein … Natürlich nicht deshalb, Sie sind ein attraktiver Mann, aber … Ach, egal. Ich versuch's Ihnen mal so zu erklären: Sie müssen die Patientin dort abholen, wo sie ist.«

Da ist er wieder, mein Lieblingssatz.

»Das heißt …?«, fragt Dr. Sittler.

Meine Güte, ist der schwer von Begriff. Vielleicht sollte man von einem Arzt nicht zu viel Einfühlungsvermögen erwarten.

»Spielen Sie mit: Sie sind Friedrich, ihr Verlobter in den Fünfzigerjahren.«

»Saskia, sie hat versucht, mich in ihr Bett zu zerren! Nackt!«

Eines muss ich zugeben: Die Vorstellung, wie er vor der nackten alten Dame aus dem Krankenzimmer flüchtet, ist wirklich zum Piepen. Aber ich gebe mir Mühe, ernst zu bleiben. Ich grinse mehr so nach innen.

»Ich meine das im übertragenen Sinne, Dr. Sittler. Erinnern Sie sich an die Chefsekretärin, die hier eingeliefert wurde?«

»Weiß grad nicht. Erzählen Sie …«

»Eine Patientin, etwa zwei Monate ist das her. Sie dachte, die Klinik wäre ihr Büro und sie wäre immer noch verantwortlich für die Termine ihres Chefs. Deshalb hat sie immer ganz hektisch gefragt, wann denn die Konferenz beginnt. Sie hat sich immer mehr hineingesteigert und wurde ganz panisch. Sie ließ sich nicht mehr beruhigen.«

»Und?«

»Wir haben ihr gesagt: *Liebe Frau Sekretärin, der Chef ist doch*

121

auf Geschäftsreise, heute ist gar keine Konferenz. Dann war sie beruhigt.«

»Das hat geklappt?«, fragt Dr. Sittler erstaunt.

»Ja. Jeden Tag aufs Neue.«

»Gut, Saskia. Ich beginne zu verstehen: Ich soll also lügen.«

Das kann ihm doch nicht so schwerfallen, denke ich. Bei jüngeren Frauen sagt er doch auch ständig, dass er es ernst meint und so. Aber die Bemerkung verkneife ich mir lieber.

»Unter uns, Dr. Sittler. Sie sind der reizendste Arzt, den ich bisher kennengelernt habe«, sage ich stattdessen. »Frauen sind Wachs in Ihren Händen. Lassen Sie Ihren Charme spielen! Sie können das!«

Schleim, Schleim, Schleim.

»Hm. Ich bin nicht scharf darauf, weiter von einer Achtzigjährigen angebaggert zu werden. Vielleicht kann man das anders regeln, medikamentös.«

Oh, Mann, ich gebe auf, ich kapituliere! Wie kann ein Arzt nur solche Hemmungen haben? Warum fällt es ihm so schwer, sich auf die alte Dame einzulassen?

Er will gerade gehen, da rufe ich: »Ach, Dr. Sittler, wussten Sie, dass ihr Friedrich adlig war?«

»Der von Frau Nettekoven? Ehrlich?«

»Ja, Friedrich von Württemberg-Hohenzollern, alter deutscher Adel – adliger geht's kaum. Sie hat es mir selbst erzählt.«

Auf einmal lächelt Dr. Sittler geschmeichelt. »Wow – ein Hohenzollern-Prinz. Na dann …«

Voller Stolz schwebt er davon.

Habe ich's nicht gesagt? Man muss die Menschen nur da abholen, wo sie sind!

22.

Ist mir das peinlich. Ich möchte es so leise und diskret wie möglich erledigen. »Nnwa Dispohöhn«, flüstere ich.

»Sie möchten was?«, fragt der freundliche Kundenberater am Service Point.

Ich beuge mich noch mal vor. »Dispohöhn.«

»Ach sooo, es geht um Ihren Dispo!«, verkündet er lauthals.

Toll, das hat bestimmt der halbe Kassenraum gehört. Ginge es vielleicht ein bisschen diskreter? Wozu spreche ich wohl so leise?

Ich lege meine EC-Karte auf den Tisch, damit der freundliche Schreihals meine Daten eingeben kann.

»Erhöhen möchten Sie?«, ruft er.

Ist er schwerhörig? Ja, was denn sonst? Jetzt weiß es auch der letzte der anwesenden Bankkunden, am liebsten würde ich vor Scham im Boden versinken. Ich komme mir vor wie eine dumme, kleine Chantal, die nach tagelangem Frust-Shopping ihre zwölf Handyverträge nicht mehr bezahlen kann.

»Genau …«, murmle ich so leise wie möglich.

»Gern! Wenn Sie kurz mitkommen möchten …«

Nee, möchte ich eigentlich nicht. Ich dachte, wir regeln das mal eben hier am Schalter. Unauffällig, schnell und, wie gesagt, *diskret*. Aber habe ich eine Wahl? Wir brauchen diesen Dispo, sonst ist bei Familie Baumann im kommenden Monat Hungern und Frieren angesagt. Also folge ich dem freundlichen Kundenberater in sein *Chambre séparée.*

Was wird er nun mit mir anstellen? Muss ich die Hosen runterlassen, filzen sie mich am ganzen Körper, bevor sie meine Tasche pfänden?

Nichts davon geschieht.

Stattdessen bittet der Kundenberater mich höflich, Platz zu nehmen, ich bekomme sogar einen Kaffee. Mit Keksen auf einem Extratellerchen. Sehr aufmerksam, besser als in jedem Café.

So läuft das also: Solange dein Konto im Plus ist, bist du den Banken egal, dann behandeln sie dich wie einen Fußabtreter. Aber wenn du dich bis zur Halskrause verschuldest, empfangen sie dich höflich und zuvorkommend. Und sobald du kurz vor dem Ruin stehst, servieren sie dir sogar noch Gebäck. Vermutlich ist das ihre Form der Henkersmahlzeit.

»Wie viel hatten Sie sich denn vorgestellt?«, erkundigt sich der freundliche Kundenberater.

»Fünftausend Euro?«, frage ich unsicher.

Der Mann schaut kritisch auf seinen Bildschirm, wobei er die Stirn runzelt. »Hm … Bisher hatten Sie tausend … Und wenn ich mir Ihre Zahlen so ansehe …«

Oje, das klingt nicht gut. Wahrscheinlich sind wir schon gar nicht mehr kreditwürdig, wir haben schließlich bereits die Hypothek fürs Haus an der Backe, und wer dann noch bergeweise Zeug im Netz bestellt, der muss eh asozial sein.

Solchen Leuten gibt man doch keinen Kredit.

So denken die hier wahrscheinlich, und wir können sehen, wie wir die nächsten Monate über die Runden kommen. Dann kommt auch noch der Winter. Der Strom, die Heizkosten, Weihnachtsgeschenke und so weiter: Haben wir vielleicht Freunde, die wir kurzfristig anpumpen könnten, die nicht sauer sind, wenn wir das Geld später erst zurückzahlen, in einem Jahr vielleicht oder im nächsten Leben?

Krampfhaft umklammere ich die Armlehnen. Wir werden uns wohl darauf einstellen müssen, dass wir bald pleite sind. Gut, dann geht das Haus eben in die Zwangsversteigerung. Samt Gespenst, immerhin. Kein Schaden ohne Nutzen.

Der Kundenberater hebt den Kopf und lächelt mich am Bildschirm vorbei freundlich an. »Sollen wir nicht gleich zehntausend machen?«

»Äh …« Das ist alles, was ich sagen kann.

Meint er das ernst? So einfach ist das? Er gibt mir mal eben mit einem Fingerschnipsen 10 000 – in Worten: zehntausend Euro Kredit, ohne Fangnetz und doppelten Boden? Ja, sind wir denn bei den Geißens?

»Dann sind Sie für alle Eventualitäten gerüstet«, bezirzt er mich weiter.

»Nee, wir lassen das schön bei fünftausend Euro.«

»Wie schnell geht das Auto kaputt, oder Sie möchten eine Reise buchen, haben Reparaturen am Haus …«, versucht er mich zu umgarnen.

Genau, und wie schnell kann es gehen, dass wir nicht mehr von unseren Schulden runterkommen und die Bank uns am Wickel hat.

»Nein.«

Der freundliche Kundenberater fügt sich enttäuscht. »Wie Sie meinen …«

125

Das wäre geregelt. So viel Geld brauchen wir nun auch wieder nicht. Aber auf dem Weg zu Lukas' Klassenlehrerin höre ich genau hin, ob mit dem Auto vielleicht etwas nicht stimmen könnte. Dieses Dröhnen da vorn, war das immer schon da?

»Angenehm. Regula Blecher-Glöbusch.«

Tragen Grundschullehrerinnen Künstlernamen? So heißt doch niemand im wirklichen Leben. Bis sie diesen Namen getanzt hat – das kann dauern.

Um den Hals trägt Frau Regula Blecher-Glöbusch mindestens drei Batiktücher auf einmal, so eng geschlungen, dass jeder normale Mensch darin ersticken würde. Sie wirkt, als würde sie fürchterlich frieren, dabei haben wir gerade erst Herbstanfang. Was will sie da im Winter anziehen?

Aus ihrer Handtasche lugt eine Wasserflasche mit Trinkverschluss. Offenbar gehört Frau Regula Blecher-Glöbusch zu diesen Nippfrauen, die sich ständig Sorgen um ihren Wasserhaushalt machen, als stünden sie in Gefahr zu verdursten.

Sie ist garantiert ein Kontrollfreak.

Erst plaudern wir ein wenig über den Tag, dann erzähle ich von unserem neuen Haus, dem Stress, den so ein Umzug mit sich bringt, und sie hebt gleich kritisch eine Augenbraue. »Ahaaa?« Es klingt unterschwellig vorwurfsvoll, und schon bin ich innerlich auf Siedetemperatur. Wie schafft sie das nur? Wenn sie ihre Augenbraue noch eine Zehntelsekunde länger so affektiert hochzieht, werde ich Frau Regula Blecher-Glöbusch mit ihren eigenen Batiktüchern erwurgen.

Dürfen Eltern nicht mal mehr umziehen, weil das ihren Kindern irgendwie schaden könnte? Muss man denn alles problematisieren?

»Ihr Sohn ist so ein reizender Junge.« Endlich kommt sie auf Lukas zu sprechen.

»Danke.«

»Er passt auch gut auf und beteiligt sich rege am Unterricht.«

»Schön.«

»Seine Leistungen sind gut bis sehr gut …«

Aha, das ist also das Problem: Mein Sohn ist ein Streber, Hilfe! Könnte er nicht wenigstens mal dösen und träumen, die anderen Kinder ablenken, sich hauen oder mit dem Radiergummi werfen, so wie ein echter Junge? Fehlt nur noch, dass er Frau Regula Blecher-Glöbusch ihre Tasche hinterherträgt, inklusive Trinkflasche.

»Aber in letzter Zeit benimmt er sich ein wenig auffällig«, fährt sie fort und versenkt ihr Kinn betrübt in ihrer Tücherfestung. In mir keimt Hoffnung: Vielleicht ist Lukas doch kein Streber.

»Und zwar?«

»Ich weiß, er ist so ein fantasiebegabtes Kind …«

Meine Güte, komm endlich zur Sache.

»Aber?«

»Er erzählt von diesem Gespenst, immer wieder. Er sagt, es würde bei Ihnen wohnen, er gibt damit sogar vor den anderen Kindern an. Und er beharrt darauf, auch wenn man ihm sagt, dass es keine Gespenster gibt!«

Das hatte ich nicht bedacht. Oh mein Gott, Lukas! Du kannst doch nicht in der Schule erzählen, dass wir ein Gespenst haben, das kann doch nur schiefgehen. Die müssen dich doch für verrückt halten.

»Hänseln ihn die anderen Kinder?«

»Na ja, zuerst schon …«

»Und jetzt?«

»Wollen sie ihn kennenlernen.«

»Wen? Lukas?«

»Nein, den Geist, diesen Schweden.«

Lukas, der Held! Ich kann mir ein Grinsen nicht verkneifen. Auf der anderen Seite sehe ich bereits eine Horde Viertklässler auf großer Geistersafari durch unser Haus toben. Das darf nicht geschehen, auf gar keinen Fall. Wie um Himmels willen kommen wir aus der Nummer wieder raus?

Aufgeregt fährt die Lehrerin fort. »Er kann aber auch so wunderbar bildhaft beschreiben, wie es mit seinem Kopf jongliert und mit den Augen rollt …«

»Ja, und wie es flucht und säuft!«, entfährt es mir.

»Was?«

»Ach, nichts.«

Frau Regula Blecher-Glöbusch legt den Kopf zur Seite und sieht mich misstrauisch an. »Sie … *kennen* dieses Gespenst?«

Wahrscheinlich hält sie mich jetzt auch für verrückt.

»Entschuldigung, dazu gibt's doch Studien«, erkläre ich selbstbewusst.

»Zu dem Gespenst?«, staunt Frau Blecher-Glöbusch.

»Zu imaginären Gefährten! Viele Kinder haben ihren Freund Harvey, das ist normal. Manche halten ihm sogar einen Platz am Esstisch frei.«

»Frau Baumann … Finden Sie nicht, Ihr Sohn flüchtet sich in Tagträume?«

»Nö.«

»Stimmt bei Ihnen zu Hause alles?«

Ich lache. »Abgesehen von dem Gespenst? Ja.«

»Heute ist Lukas aber im Unterricht eingeschlafen ...«

Na und? Aber andere Schüler schlafen nie ein, oder was? Das passiert doch allen Kindern mal, nur bei meinem Sohn macht diese Lehrerin ein Drama daraus.

Alle schimpfen über Helikopter-Eltern, die sich zu sehr um ihr Kind kümmern. Aber was ist mit Helikopter-Lehrern? Die sind doch wohl mindestens genauso schlimm und verhindern, dass Kinder sich frei entfalten können.

Mir reicht's, das wird mir hier zu albern, auf dieses Gespräch habe ich keine Lust mehr. Es ist nun mal leider Realität, dass wir ein Gespenst im Haus haben. Ich kann es nicht ändern. Aber selbst wenn Lukas seinen unsichtbaren Freund erfunden hätte: Ja, es stimmt, viele Kinder machen das, und es ist ein gutes Zeichen. Die meisten von ihnen sind sogar besonders kreativ und kommunikativ. Unser Lukas ist ein ganz wunderbarer Junge.

Plötzlich will ich nur nach Hause, wo meine Kinder auf mich warten – und zwar schnell. Also beschließe ich, das Gespräch abzukürzen.

»Ach, das wundert mich nicht«, erkläre ich wie selbstverständlich und schaue dabei Frau Regula Blecher-Glöbusch offen ins Gesicht. »Wie soll der Knabe denn auch ausgeschlafen sein, wenn er die ganze Nacht heimlich mit dem Gespenst auf der Playstation zockt?«

Erst kriegt Frau Regula Blecher-Glöbusch vor Verblüffung den Mund nicht zu, dann lehnt sie sich nach vorn, ihre Halskrause bebt vor Erregung, als sie mich beleidigt anfltet. »Frau Baumann, ich möchte, dass Sie mich ernst nehmen!«

Tja, das kommt davon, wenn man Lehrern die Wahrheit sagt: Nichts als Ärger.

Dieses Problem meinem Sohn zu vermitteln ist ganz schön schwierig.

»Aber Mama, du sagst doch immer, ich soll die Wahrheit sagen!«

»Ich weiß, Lukas. Das stimmt auch. Aber das hier ist – anders.«

Ich knie vor Lukas, der vorn auf der Stuhlkante hockt und mich verständnislos ansieht. Es ist zum Verzweifeln. Da tut man all die Jahre sein Möglichstes, um seinen Kindern solch hehre Werte wie Anstand und Ehrlichkeit beizubringen, und im nächsten Moment liegt die gesamte Erziehung in Trümmern. Ich fordere Lukas auf zu lügen und manipuliere meinen eigenen Sohn. Genau das, was ich nie tun wollte. Schrecklich.

»*Was* ist anders, Mama?«

»Dass andere Leute nicht an Gespenster glauben, die halten uns dann für verrückt.«

»Aber Mama, dann können sie doch herkommen, dann lernen sie Gustaf kennen.«

»Lukas, das … Das ist vielleicht keine so gute Idee …«

»Ich hab alle meine Freunde schon eingeladen!«

»Was hast du? Für wann?«

»Weiß noch nicht. Für irgendwann, wenn Gustaf wach ist. Dann!«

»Lukas, hör einfach auf mich«, flehe ich. »Bitte …«

Moment, wen schütze ich hier eigentlich – meine Familie oder Gustaf? So gesehen, was kann schon passieren? Dann machen wir eben bei Vollmond eine Nachtwanderung mit den Kindern, aber so richtig, mit Taschenlampen und Kerzen. Das kann sehr stimmungsvoll sein. Vielleicht laufen sie Gustaf sogar über den Weg, der dann wahrscheinlich lachen und mit den Augen rollen wird. Na und? Jede Halloween-Party ist heutzutage furchterregender, und die meisten Kids sind sowieso schon durch *Twilight* und *Harry Potter* abgehärtet.

Andererseits wird es sich Gustaf kaum nehmen lassen, sich den Kopf vom Hals zu reißen und vor den Augen der Kinder hin und her zu schwenken, bis die ganze Rasselbande schreiend nach Hause flüchtet, ihre Eltern uns daraufhin die Hölle heißmachen und uns verklagen, woraufhin wir uns nirgendwo mehr blicken lassen können. Nur Frau Regula Blecher-Glöbusch wird sich zufrieden die Hände reiben.

Nein, das darf ich nicht zulassen.

»Lukas, du darfst niemandem mehr von Gustaf erzählen!«, beschwöre ich meinen Sohn.

»Aber in der Schule wissen das schon alle!«

»Hm … Dann sag ihnen … Du könntest ihnen sagen, nur du kannst Gustaf sehen.«

»Danke, Mama, dann halten sie mich endgültig für bescheuert«, mault Lukas und trottet aus der Küche. »*Skit!*«, flucht er zum Abschied. Auf Schwedisch.

»Lukas, das ist nicht lustig!«

Kim schwebt an mir vorbei, und wie nebenbei haucht sie: »Mama, ich bin morgen Nachmittag bei Dustin, Hausaufgaben machen. Ist okay, oder?«

»Das muss ich erst noch mit deinem Vater besprechen.«

Das ist vielleicht nicht ganz richtig ausgedrückt: Selbstverständlich kann Kim sich treffen, mit wem sie will. Nur dass sie mich dadurch vor die Herausforderung stellt, Achim möglichst schonend beizubringen, dass sein kleines Mädchen flügge wird. Das trifft es eher.

Wo steckt der Herr Vater überhaupt?

Er müsste doch längst schon Feierabend haben.

Wahrscheinlich ist es das Übliche: Achim stürzt sich in die Arbeit, kommt abends spät nach Hause und hockt sich vor seinen supertollen neuen Fernseher, den er wahrscheinlich mehr liebt als mich. Zumindest verbringt er mehr Zeit mit ihm.

Ist unsere Ehe derart eingefahren?

Immerhin hat er keine Geliebte. Vielleicht sollte ich trotzdem mal eifersüchtig werden, aber so richtig, mit allem Drum und Dran: mit Tränen, knallenden Türen und tief fliegenden Tellern. Streit soll ja eine Beziehung ungemein beleben, allein wegen des heißen Versöhnungssex.

Aber wie macht man überhaupt eine Szene?

Ich könnte das gar nicht. Ich bin keine dieser hysterischen Kühe, die herumschreien und mit Porzellan schmeißen. Ich tauge nicht zur Drama-Queen.

Da haben wir's mal wieder: Ich bin einfach zu vernünftig.

Endlich ist auch mein Gebieter nach Hause gekommen, und nachdem die Kinder im Bett sind, setze ich mich mit ihm aufs Sofa. Bei einem Glas Rotwein überbringe ich ihm die Hiobsbotschaft.

»Niemals«, faucht er. »Wo kommt der Bursche überhaupt her? Wir kennen doch noch nicht mal seine Eltern!«

»Du, die sollen nett sein«, frotzle ich. »Sie betreiben einen florierenden Mädchenhändlerring.«

132

»Darüber macht man keine Witze! Was ist, wenn er ...«

»Sie wollen zusammen Hausaufgaben machen, Achim. Das ist alles.«

»Das sagt er doch nur!«

Armer Achim! Er sieht nicht gut aus, er leidet sehr. Sein Gesichtsausdruck schwankt zwischen entzündetem Backenzahn und schwerer Nierenkolik, nur weil die Möglichkeit im Raum steht, dass seine Tochter ihre ersten, zarten Erfahrungen in Sachen Liebe machen könnte.

»Achim, wir sind ihre Eltern, wir haben sie erzogen«, säusele ich. »Wir hätten etwas falsch gemacht, wenn wir ihr nicht vertrauen könnten.«

Ha, ein klasse Satz, oder? Ich hab ihn aus dem Buch *Hilfe, wir sind Eltern*. Manchmal sind diese Psycho-Ratgeber, die bei mir stapelweise im Regal stehen, doch ganz hilfreich.

Achim streckt auch gleich die Waffen. »Hm, mag sein«, brummt er widerwillig.

»Ich vertraue meiner Tochter, und das solltest du auch!«

»Mal sehen ...«

»Wobei ... Andererseits hast du natürlich recht ...«

Ein erleichtertes Strahlen huscht über sein Gesicht. »Ach ja ...?«, fragt er hoffnungsvoll.

»Sie soll Dustin zu uns einladen. Das werde ich ihr sagen. Der soll sich ruhig mal Mühe geben.«

»Genau, er soll hierherkommen!«, ruft Achim erleichtert. »Wär ja noch schöner!«

Auch Väter von pubertierenden Töchtern muss man immer da abholen, wo sie gerade sind.

Ich kuschele mich eng an ihn und lege sanft meine Hand

auf seinen Oberschenkel. »Wir könnten hochgehen ins Schlafzimmer …«

Achim schaut auf die Uhr. »Gleich müsste Gustaf kommen«,
stellt er bedauernd fest.

»Wie, du verabredest dich schon mit ihm?«

»Na ja, wir gucken zusammen schwedische Filme.«

Okay, korrigiere: Erst kommt die Arbeit, dann der Fernseher,
dann Gustaf und dann irgendwann ich. Aber wundert mich
das? Was habe ich schon zu bieten gegen einen vierhundert
Jahre alten Schweden, der Wallenstein in die Schuhe gepinkelt
hat?

Sex etwa? Sorry, wir sind seit fünfzehn Jahren verheiratet, da
ist im Bett gar nichts mehr spannend.

»Achim, heißt es das, was ich denke? *Schwedische Filme* ist
eine Umschreibung für …?«

»… für Filme, die aus Schweden sind, von Schweden gedreht,
mit schwedischen Schauspielern.«

»Keine Pornos?«

»Keine Pornos.«

»Sicher?«

»Bleib hier, schau sie dir an. Wird lustig.«

»Hm … Früher waren Schwedenfilme aber …«

»Weiß ich, Saskia. Ich war auch mal siebzehn!«

Mit meinem Zeigefinger streiche ich seinen Oberschenkel
hinauf und wieder hinab. »Wollen wir nicht doch vielleicht?«,
starte ich einen letzten, verzweifelten Versuch.

»Heja, ihr sswei Kuschelhasen!«

Vorbei. Wie gern hätte ich mit Achim einen anständigen
Porno geguckt!

Schon sitzen wir zu dritt auf dem Sofa, ich zwischen den beiden Männern, und man kann über Schweden viel Gutes sagen – es ist die Heimat von Astrid Lindgren, Pippi Langstrumpf und Michel aus Lönneberga –, aber die Filme, die sie drehen, sind zum Sterben langweilig. Zumindest dieser hier, der ist so spannend wie Knäckebrot. Er handelt von einer drogenkranken jungen Frau, die erst ihren Job und dann ihre Wohnung verliert, auf der Straße landet und so weiter. Mann, ist der Streifen deprimierend. Das ist verfilmter Serotoninmangel, so was kommt dabei raus, wenn es im Winter niemals hell wird.

Sogar Gustaf langweilt sich, nimmt seinen Kopf ab und lässt ihn eine Handbreit über seinem Hals hin und her pendeln. »*Långtråkig!*«, nörgelt er.

»*Du* wolltest diese Filme!«

»Ja …« Gustaf setzt seinen Kopf wieder auf den Hals. »Hey, was macht die neue Freund von eure kleine Kim?«

»Hä? Woher weißt du denn davon?«, fragt Achim.

»Woher? Facebook! Sie hat ihre Beziehungsstatus geändert.«

»Facebook, echt? Moment, du kennst Dustins Profil? Zeig her …«

»Nein, das geht doch nicht.«

»Wieso nicht? Kein Netz?«

»Nein, wie nennt ihr moderne Menschen das? *Datenschutz!*«

Enttäuscht setzt Achim sich wieder. »Hast ja recht«, grummelt er in sein Rotweinglas.

»Ah, diese glückliche Junge, ich beneide ihn. Es ist sso schön: die erste Liebe, die erste Kuss, die erste Mal …«

»Zum ersten Mal *was*?«, fragt Achim misstrauisch.

»Ja – die erste Mal!«, wiederholt Gustaf.

»Hallo? Du redest von meiner Tochter!«

»Na und? Hast du eine *puffra*?«, fragt Gustaf.

»Eine was?«

»Eine Knarre, ein Gewehr.«

»Nein.«

»Also! Alles Gute, Dustin …«

»Ach was«, widerspreche ich. »Die zwei sind dafür doch noch viel zu jung, die wissen doch noch gar nicht, wie das geht.«

»Ja? Meint ihr, Dustin ist sso eine *tvättlapp*?«

»Ein was?«

»Waschlappen.«

»Das will ich doch sehr für ihn hoffen!«, mault Achim.

»Gustaf, wie war das denn früher? Wie hat man damals verhütet?«, frage ich.

»Ja – gar nicht.«

»Oh. Ich dachte, es gäbe da vielleicht irgendein geheimes, verschollenes Wissen der Frauen … Kräuter oder so …«

»Es gab Brunnen …«

»Was, man hat die Kinder einfach ertränkt?«

»Ssonst musste man heiraten!«

Es klingt, als würde Gustaf sich lieber ertränken lassen, als noch mal zu heiraten.

So lief das früher ab? Wie grausam, wie menschenverachtend! Ich will mir das gar nicht vorstellen. Bin ich froh, dass ich heute lebe und nicht in einem früheren Jahrhundert.

»Heute ist das anders, heute gibt es Kondome und die Pille. Man muss auch nicht mehr heiraten«, erkläre ich. »Es sind aufgeklärte Zeiten.«

136

»Ist das wahr, stimmt das?«, fragt Gustaf und staunt vor sich hin. »Ssie bekommen keine Kinder, ssie müssen nicht heiraten, und es ist auch keine Flinte in die Haus?«

»So sieht's aus.«

»Dustin, du Glücklicher«, brummt Gustaf.

Gleichzeitig beugt Achim sich zu mir herüber. »Siehst du, Saskia, er meint auch, man sollte …«

»Achim!«

Der alte Schwede ist baff. »Es ist alsso überhaupt keine Rissiko mehr dabei, wenn man zussammen Liebe macht?«

Ich schüttle den Kopf. »Nein.«

»Wenn ein Mann mit eine Frau schlafen will, dann ist da keine Hindernis?«

»Auch wenn eine Frau mit einem Mann schlafen will …«, betone ich.

»Aber – das verstehe ich nicht!«, wundert sich Gustaf.

»Was denn? Was ist daran nicht zu verstehen?«

Gustaf breitet ratlos die Arme aus. »Was ist dann mit euch zwei beide?«

»Wieso, was soll schon sein? Nichts ist mit uns.«

»Warum tut ihr es dann nicht?«

»Was denn?«

»Ja – *knulla*!«

Ja, warum tun wir es nicht mehr? Ich schaue Achim an, der neben mir verlegen hüstelt. Ihm ist das Thema sichtlich unangenehm.

Ich seufze und schaue Achim ungeduldig an.

Er könnte jetzt doch sagen, dass er mich liebt, mich immer noch schön und begehrenswert findet und dass er glücklich ist, mit mir verheiratet zu sein. So was, oder wenigstens etwas in der Richtung.

»Ja, ja«, sagt er schließlich. »Alles okay.«

Mehr nicht? Nur ein simples *Ja, ja*? Das ist alles?

Oh Mann, da ist selbst Dustin noch gesprächiger. Mir reicht's, ich habe genug von diesem Abend. Sollen die Männer doch unter sich bleiben.

»Ich geh dann mal«, verkünde ich. »Viel Spaß noch!«

Während ich die Gläser in die Küche trage, höre ich, wie Achim noch mal nachhakt. »Sag mal, Gustaf, diese Flinte damals von deinem Schwiegervater: Wo ist die geblieben?«

Während ich allein in unserem gemeinsamen Bett liege und die Decke anstarre, klirren unten schon wieder die Gläser, die Männer lachen laut. Sie haben wohl richtig Spaß zusammen. Geht's etwa immer noch um *knulla*?

Reden sie – über mich?

Früher, da sind Achim und ich regelrecht übereinander hergefallen, bei jeder erdenklichen Gelegenheit. Wir konnten gar nicht genug voneinander bekommen.

Wir hatten uns gerade erst kennengelernt, da sind wir in Achims altem Peugeot nach Lacanau-Océan an der französischen Atlantikküste gefahren. Der Strand ist wunderbar dort, kilometerweit nur weißer Sand und dahinter die Dünen. Nachts haben wir am Strand gecampt und mit den Surfern am Lagerfeuer komisches Zeug geraucht, tagsüber haben wir Frisbee gespielt, in der Sonne gelegen und uns gegenseitig den Rücken eingecremt. Dazu liefen im CD-Player die Fugees, *Killing Me Softly*, Nirvana und *Tag am Meer* von den Fanta 4. Neunziger halt. Der Soundtrack unseres ersten Sommers.

Einmal habe ich ihm seine Sonnenmilch geklaut. »Fang mich«, habe ich gerufen und bin auf dem Holzsteg in die Dünen weggerannt. Er hinter mir her. Ich weiß nicht, ob ich so schnell war, oder ob er mir extra Vorsprung gegeben hatte, aber erst weit weg vom Strand hat er mich eingeholt, da war ich schon völlig außer Atem. Er hat mich gepackt, worauf ich mich natürlich gewehrt habe und mich noch einmal losreißen konnte. Wie betrunkene Welpen sind wir durch die Dünen getollt. Schließlich hat er meinen Fuß erwischt, und ich habe mich lachend auf den Boden fallen lassen.

In einer Senke gleich hinterm Strand, in herrlich weichem Sand haben wir uns geliebt, nur ein paar Meter von den anderen Urlaubern entfernt. Es war unvergleichlich leidenschaftlich, und als ich mich anders nicht mehr beherrschen konnte, musste ich ihm in den Unterarm beißen. So stark, dass es blutete.

Sand und Sonnenmilch waren in die Wunde geraten, weshalb sie sich später noch schlimm entzündet hat und der Urlaub in der Notaufnahme eines französischen Krankenhauses endete. Achim hat davon eine Narbe behalten, wie ein Brandzeichen, das sagt: Finger weg, das ist meiner. Ich liebe diese Stelle an ihm, sie bedeutet mir mindestens so viel wie mein Ehering.

Wir waren noch viele Male in den Dünen, haben Fangen gespielt und sind herumgetollt, dafür mussten wir nicht mal nach Frankreich fahren.

Und heute?

Während ich mich schlafend stelle, torkelt Achim betrunken ins Schlafzimmer. Er stößt gegen die Kommode, grunzt und macht das Licht an.

»Puuuh … uff …«, stöhnt er, wie Betrunkene das eben tun,

zieht die Schuhe aus und lässt sie polternd zu Boden fallen. Dann sackt er neben mir in die Kissen.

Er hat eine ziemliche Fahne. Widerlich. Er stinkt wie ein ganzer Glühweinstand. Wehe, er wagt es, mich so anzufassen!

Ich stupse ihn an. »Achim?«

Weil Achim bereits ins Koma gefallen ist, bleibt die Antwort aus. Und wer macht jetzt das Licht aus?

23.

»Zeig mal die Narbe.«

»Hm?«

»Ich wollte sie nur mal wieder sehen.«

Ich möchte mich an den Achim von früher erinnern, an jenen Achim, der mich nicht verschmähte, um sich stattdessen zu betrinken.

Während ich ihm den Kaffeebecher hinstelle, krempelt er den Ärmel seines Hemds hoch und zeigt sie mir. Ich streiche darüber und gebe ihm einen Kuss.

Ein fataler Fehler! Der Kuss schmeckt nach abgestandener Sangria, durchmischt mit Zahnpasta. Achim ist völlig verkatert. Er kriegt die Augen kaum auf, die noch verquollener sind als die von Boris Becker. Es hätte mich aber auch überrascht, wenn er nach so einem Besäufnis wie der taufrische Morgen in der Küche erschienen wäre. Beim Altglas stehen vier weitere leere Rotweinflaschen. Das muss auf Dauer doch üble Folgen haben, wenn man so viel trinkt. Irgendwann schlägt das doch bestimmt auf die Leber.

»Worüber habt ihr euch denn gestern unterhalten?«, frage ich.

»Ach, nichts Besonderes«, brummt Achim schwerfällig. »Über Autos.«

»Über Autos? Aha … Was hat er denn damals gefahren – im Dreißigjährigen Krieg?«

»Ich habe ihm von dem SL erzählt.«

»Den du gerne hättest.«

»Ja, genau.«

»Und sonst nichts?«

»Nö.«

»Ernsthaft? Ihr habt die ganze Nacht lang im Wohnzimmer gesessen, drei Flaschen Rotwein vernichtet und nur über Autos gesprochen?«

»Ja, warum nicht? Reicht doch«, grummelt Achim und nimmt einen Schluck aus dem Kaffeebecher.

Statt über diesen alten Mercedes hätte Achim sich auch genauso gut über Sex unterhalten können. Den hat er auch nicht.

Schon bereue ich es, dass ich so früh ins Bett gegangen bin. Wieso habe ich das Gefühl, dass er mir etwas verschweigt? Und daran ist bestimmt nicht sein Kater schuld.

Ist heute statt *Bad Hair Day* ein *Bad Man Day* angesagt? Alle Männer sehen aus wie durch die Hecke gezogen. Waren es bei Achim die Augen, sind es bei Dr. Sittler die Klamotten: Er trägt eine ausgebeulte, abgewetzte Jeans, die ich nicht mal zum Renovieren anziehen würde, und sein Hemd ist verknittert, als hätte er es gerade aus dem Wäschekorb gezogen. Zum Glück gibt es die weißen Kittel, die man für die Visite darüber trägt.

Aber dieser Dreitagebart, der steht ihm.

»Dr. Sittler, haben Sie immer noch kein Zuhause?«, frage ich.

»Noch nicht, aber morgen kann ich die Wohnung von einem Freund übernehmen, der fährt für drei Wochen nach Costa Rica.«

»Glückwunsch! Mit Waschmaschine?«

»Mit Kühlschrank. Und mit vernünftigem Fernseher.«

»Hoffentlich auch mit einem Bügeleisen, Dr. Sittler. Mal sehen, ob Frau Nettekoven Sie so überhaupt noch nimmt!«

Ich halte ihm die Tür zu ihrem Zimmer auf, und mit einem mürrischen Knurren geht er hinein.

»Nur Mut, Sie machen das schon«, versuche ich ihn aufzumuntern.

»Friedrich, mein Liebster!«, begrüßt die alte Dame ihn freudestrahlend wie immer.

Er setzt sich zu ihr. »Anneliese, wie geht es dir? Gib mir deine Hand. Darf ich sie halten?«

Galant reicht Frau Nettekoven ihm die Hand, er nimmt sie und tätschelt sie liebevoll.

»Friedrich, wer ist die Frau da?«, fragt sie argwöhnisch.

»Frau Baumann? Die passt auf, dass wir uns auch benehmen.«

»Eine Anstandsdame?«

»Genau.«

Frau Nettekoven kichert verliebt, und während er ihren Puls fühlt, säuselt er: »Wie wunderbar das Licht in deinen Haaren spielt.«

»Ach, Friedrich«, lacht Frau Nettekoven verlegen. »Aber kriege ich denn keinen Kuss?«

Dr. Sittler gibt sich entrüstet. »Anneliese, wir sind doch nicht allein!«

Sätze wie aus einem Groschenroman. Ein Hoch auf die Fünfzigerjahre! Dr. Sittler ist der Arzt, dem die Frauen vertrauen. Er flirtet mit der alten Dame, als wären sie frisch verliebt, und er macht ihr die abgedroschensten Komplimente. Jede moderne Frau würde ihm dafür ihren Drink ins Gesicht schütten, aber bei Frau Nettekoven zünden sie.

Hingerissen lauscht sie seinen Worten. Es ist rührend anzusehen, wie liebevoll er mit ihr umgeht. Er lässt sogar zu, dass sie seinen Hals streichelt, während er ihre Herztöne abhört. Zum Abschied umarmen sie sich wie ein vertrautes, altes Paar. Ich fasse es nicht. Ist Dr. Sittler – dieser arrogante, kaltherzige Eisklotz – etwa aufgetaut?

»Mein Schatz, wann kommst du wieder?«, schmachtet Frau Nettekoven zum Schluss. »Wann sind wir allein?«

»Bald. Ich muss erst den Drachen da loswerden«, raunt Dr. Sittler ihr ins Ohr, gerade so laut, dass ich es auch hören kann. Dabei zwinkert er mir hinter ihrem Rücken amüsiert zu.

Als wir das Zimmer verlassen, wirkt Dr. Sittler besorgt. »Ihr Herz ist sehr schwach, die Gefäße sind verengt«, erklärt er mir. »Wir müssen die Herzkranzgefäße erweitern, aber eine Bypass-Operation möchte ich ihr nicht mehr zumuten.«

Wieder und wieder ertönt der Summer, Schwestern rennen auf dem Flur hin und her. Damit wir uns ungestört unterhalten können, gehen wir einen Schritt zur Seite vor den Eingang zur Wäschekammer. Ich möchte ihm sagen, wie toll ich seinen Auftritt gerade fand.

»Dr. Sittler, mein Kompliment, ich bin beeindruckt. Das hätte ich nicht gedacht.«

»Was denn?«

»Dass Sie so verständnisvoll sein können, so einfühlsam.«

»Das ist kein Problem, wenn es fachlich begründet ist.«

»Fachlich begründet, selbstverständlich«, wiederhole ich und lächle ihn an. »Sonst nicht?«

»Fragen Sie beruflich oder privat?«, gibt er lächelnd zurück und sieht mich dabei unverfroren mit diesen wunderbar melancholischen Augen an.

Hallo Knie, wieso werdet Ihr weich? *Sag beruflich*, mahnt eine Stimme in mir. *Beruflich! Beruflich! Beruflich!* Doch stattdessen murmle ich leicht verlegen: »Weiß nicht. Beides …«

Muss das ausgerechnet hier vor der Wäschekammer passieren?

Geht's noch klischeehafter?

Wir stehen eng beieinander, ich mit dem Rücken zur Tür, und unsere Hände kommen sich immer näher. Was, wenn sie sich berühren, ganz zufällig, wie aus Versehen? Ich möchte die Augen schließen, mich an ihn lehnen und seinen Geruch aufsaugen. Ich bin fast vierzig, verheiratet, und trotzdem komme ich mir vor wie ein verwirrter Teenager. Es ist unglaublich, wie macht er das nur? Mir schießt die Hitze ins Gesicht. Werde ich etwa rot? Wenn er mich jetzt anfasst, ehrlich, dann garantiere ich für nichts mehr.

Doch was tut er? Nimmt er meine Hand? Versucht er mich etwa zu küssen?

Nein, im Gegenteil. Er geht einen halben Schritt zurück und schafft respektvollen Abstand zwischen uns – und irgendwie bin ich froh, dass die verfängliche Situation vorbei ist. Einerseits.

»Saskia, ich glaube, ich war neulich etwas zu hart zu Ihnen. Entschuldigen Sie.«

»Ach, kein Problem …«, stammle ich, mehr kann ich nicht sagen.

»Doch, ist es. Was halten Sie davon, wenn wir nachher einen Happen essen gehen? Als kleine Wiedergutmachung, ich lade Sie ein.«

Wieder meldet sich die mahnende Stimme: *Sag Nein, Saskia. Du bist verheiratet. Zu Hause warten dein Mann und zwei entzückende Kinder auf dich. Außerdem hast du es doch gar nicht nötig, dich mit diesem Mann zu treffen. Er ist ein Frauenheld.*

Also sage ich ihm bedauernd, aber bestimmt ab. »Tut mir leid, heute Abend kann ich nicht.«

»Schade«, sagt Dr. Sittler. Er will schon gehen.

»Aber wie wär's morgen Abend?«, höre ich meine Stimme frohlocken. »Da könnte ich mir freinehmen.«

Wer war das, wer hat das gesagt, wer hat das Teufelchen befreit? Saskia, du spielst mit dem Feuer!

24.

Ich setze mir gerade einen Tee auf, als Kim die Haustür aufschließt. »Hallo Mama«, ruft sie. »Wir sind oben.«

Bevor ich in irgendeiner Form reagieren kann, rennen die beiden auch schon die Treppe hoch und verschwinden in Kims Zimmer. Die Tür knallt zu. Die haben's aber eilig, denke ich. Aber womit?

Es ist also so weit. Zum ersten Mal hat Kim Besuch von einem Jungen. Also von einem, mit dem sie nicht nur Klebebildchen tauschen will. Das will man mit vierzehn doch nicht mehr, oder?

Habe ich alles richtig gemacht?

Aufgeklärt ✓
Frauenarzt ✓
AIDS, Verhütung, Safer Sex ✓
Selbst noch was gelernt dabei ✓
Genug vor bösen Jungs gewarnt! ✓
Sie weiß, dass sie mit allem zu mir kommen kann! ✓

Check!

Ruhigen Gewissens kann ich mich mit der Tasse Tee und einem guten Buch ins Wohnzimmer setzen, mir schöne Musik anmachen und den Dingen ihren Lauf lassen. Schließlich vertraue ich meiner Tochter. Sie ist alt genug, außerdem haben wir alles Wichtige besprochen. Kim wird schon wissen, was sie tut, sodass ich mir keine Sorgen machen muss. Wahrscheinlich halten sie sowieso nur Händchen. Wenn überhaupt!

Eines werde ich auf gar keinen Fall tun: ihr nachspionieren.

Den Flügelschlag eines Kolibris später klopfe ich an ihre Zimmertür.

»Jaaa«, flötet Kim postwendend.

Was sie drinnen wohl machen? Ich gebe den beiden genug Zeit für Luftholen, Klamotten ordnen, Haare richten, dann öffne ich langsam die Tür und luge durch den Türspalt. Kim sitzt am Schreibtisch, Dustin auf ihrem Schlafsofa. Sie schreibt, er hält ein englisches Buch in der Hand.

Wer hätte das gedacht: Sie machen tatsächlich Hausaufgaben.

»Kim, möchte dein Besuch vielleicht ein paar Plätzchen?«

»M'joa, m'gern, m'danke«, kiekst Dustin wortkarg wie immer, und Kim murmelt: »Kannst ja mal welche vorbeibringen.« Doch ihr Blick sagt: Mama, du bist peinlich!

Wie recht sie hat! Nicht nur, dass ich sie störe: Ich weiß nicht mal, ob überhaupt Plätzchen im Haus sind.

Zum Glück findet sich noch eine Packung Cookies im Küchenschrank. Ich drapiere sie hübsch auf einem Teller, einen esse ich selbst. Aber so ein paar Kekse sind doch viel zu wenig für die beiden, auf dem Teller wirken sie verloren, geradezu armselig. Vielleicht könnte ich noch irgendetwas hinzufügen.

Eine Viertelstunde später trage ich unter einem Berg Haribo und Schokoladenstückchen begrabene Cookies in Kims Zimmer.

»Tata!«, rufe ich und spüre förmlich, wie peinlich ich bin. Megapeinlich.

Danach nehme ich mir mein Buch und hocke mich wieder aufs Wohnzimmersofa. Aber jetzt meldet sich bei mir der Hunger. Dieser eine Schokokeks vorhin, der war lecker, vielleicht hätte ich zwei, drei für mich beiseitelegen sollen.

Ich klopfe wieder an die Tür. »Kim-Schatz, ich bin mal kurz weg!«

»Ist gut, Mama!«

Sie klingt irgendwie erleichtert.

Dann gehe ich zur Treppe, mache aber gleich wieder kehrt und klopfe noch mal schnell an die Tür. »Dauert nicht lange!«

»Ja!«

Ich drehe mich noch mal um. »Ihr wisst, wo alles ist?!«

»Mama! Ja!« Ich fürchte, auf der Nerv-Skala überfürsorglicher Mütter bin ich gerade knapp über der Zehn. Doch während ich mit dem Auto zur Tanke fahre, denke ich: Ich bin stolz auf mich. Ich habe überhaupt nicht mehr nachgeschaut, was die beiden da drinnen machen. Aber bin ich wirklich weggefahren und habe Kim alleine gelassen?

Himmel, was habe ich getan?

Jedes Mal, wenn ich mir ausmale, was passieren könnte, endet es damit, dass Kim weinend die Treppe herunterkommt, Achim das Gewehr anlegt und auf den flüchtenden Dustin zielt. Was für ein Unsinn. Achim ist doch gar nicht da, sondern noch in der Firma, er wird frühestens zum Abendbrot nach Hause kommen.

Es sind nur meine Nerven, sage ich mir, die mir einen Streich spielen. Ich brauche nicht nur Kekse, sondern auch noch mehr Schokolade!

»Bin wieder da-ha!«, rufe ich nach meiner Rückkehr.

Keine Antwort.

Ich versuch's noch einmal. »Bin … wieder … da-haaa!«

Oben fliegt die Tür auf. »Mama, ja!«, kreischt Kim. »Wir haben's gehört!«

Dann knallt sie die Tür wieder zu.

Von nun an werde ich die beiden aber in Ruhe lassen. Versprochen!

Ich verziehe mich wieder ins Wohnzimmer und schnappe mir mein Buch, doch schaffe ich keine halbe Seite, dann muss ich nachschauen, ob es im Badezimmer auch warm genug ist und ein frisches Handtuch neben dem Waschbecken hängt. Nicht dass Dustin einen schlechten Eindruck von uns bekommt. Ich möchte, dass er sich bei uns wohlfühlt, der junge Mann.

Von den beiden ist nichts mehr zu hören. Ist das ein gutes oder ein schlechtes Zeichen?

Endlich ist es kurz nach sechs – 18:03 Uhr, um genau zu sein. Da könnte ich vielleicht mal nachfragen, ob der junge Mann gedenkt, zum Abendbrot zu bleiben. Schließlich müsste ich in einer knappen Dreiviertelstunde anfangen, es vorzubereiten.

Als ich ins Zimmer komme, liegen Kim und Dustin quer zueinander auf dem Sofa, ihre Beine auf seinen, und beide spielen auf ihren Handys. Süß. So unschuldig.

18:04 Uhr. Noch mal schnell klopfen und fragen, ob der junge Mann irgendwelche besonderen Wünsche hat. Glutenfrei, vegan. So was. Aber dazu ist er viel zu schüchtern, er traut sich immer

150

noch nicht so recht, den Mund aufzumachen. Immer noch liegen Kims Beine auf seinen, was immer noch süß anzuschauen ist.

18:07 Uhr. Noch mal schnell klopfen und fragen, ob Dustin gerne Tee möchte zum Abendbrot.

»M'nö«, antwortet er nur.

»Aber vielleicht Apfelschorle? Trinkt dein Freund schon Bier? Dustin, wir haben auch alkoholfreies …«

»Mama, verschwinde bitte!«, fleht Kim.

Ist ja gut, bin schon weg. Wollte nur nett sein.

Wenig später fährt ein Auto vor, der Papa eines Mitspielers bringt Lukas vom Fußballtraining heim. Unser Sohn lässt gleich hinter der Haustür seine Sporttasche fallen, ruft: »Hey, Mama!«, und rennt die Treppe hoch.

»Lukas, da darfst du nicht …«, schreie ich noch, aber zu spät. Da hat er bereits die Tür zu Kims Zimmer aufgerissen.

Kim schreit ihn an, und die beiden streiten sich sofort. Also gehe ich hoch und zerre Lukas aus dem Zimmer seiner Schwester. Wie es aussieht, haben sie und Dustin nur Musik gehört, es ist überhaupt nichts passiert.

Ich setze mich mit Lukas in die Küche und erkläre ihm, warum er von nun an auf jeden Fall bei Kim anklopfen muss, bevor er eintritt. »Die beiden wollen ungestört sein. Das ist so, wenn man größer wird.«

»Gilt das auch für dich, Mama?«, fragt Lukas.

Im Brustton der Überzeugung verkünde ich: »Lukas, selbstverständlich! Ich lasse die beiden vollkommen in Ruhe.«

Und dann muss auch schon der Tisch fürs Abendessen gedeckt werden. Wie gern hätte ich weiter mein Buch gelesen. Man kommt zu nichts, wenn man Kinder hat.

25.

»Du hast sie allein gelassen?«

Achim schaut zu mir herüber und bleibt gleichzeitig vor Schreck mit dem Fuß am Saum der Schlafshorts hängen, die er sich gerade anzieht. Er stolpert, auf einem Bein hüpfend rettet er sich zum Bett und lässt sich fallen. Gerade noch mal gut gegangen!

Ich sehe ihm amüsiert zu. »Ja, klar. Was denn sonst?«, antworte ich seelenruhig. »Ich bin da völlig gelassen.«

»Aber warum waren die zwei dann überhaupt bei uns? Warum haben wir ihr gesagt, sie soll ihn herholen?«

»Achim, soll ich mich etwa danebensetzen und ihnen erklären, wie's geht?«

Achim zieht seine Shorts hoch. »Nein. Du sollst ihnen erklären, was *nicht* geht!«

»Sie müssen ihre eigenen Erfahrungen machen. Denk daran: Wie warst du damals?«

»Oh Gott, besser nicht. Ich war ein Volltrottel.«

»Siehst du, und dafür gibt's uns Frauen. Wir machen aus pickligen Bengeln vernünftige Kerle.«

»Aha, ihr erzieht uns also.«

»Klar. Und ich finde, ich habe dich ganz gut hinbekommen«, sage ich und grinse ihn an.

»Hm. Schön – Mutti.«

Achim gibt mir einen flüchtigen Gutenachtkuss, dann dreht er sich zur Seite.

Mutti! So hat er mich noch nie genannt. Wie fürchterlich das klingt. Ist es so weit schon gekommen? *Mutti* ist das Letzte, ganz schlimm. *Mutti* killt wirklich jede Leidenschaft. Es steht für Lockenwickler und schlabbernde Schlüpfer.

Ich knipse das Licht aus. Im Haus ist alles ruhig, es klirren keine Flaschen, keine Kellertür knarzt, kein Fernseher ist zu hören. Seltsam. Gustaf hat sich an diesem Abend gar nicht blicken lassen. Zum ersten Mal, seit wir ihn entdeckt haben.

Hat das irgendwas zu bedeuten?

Ach, was soll's, ich sollte nicht zu viel nachdenken. Genüsslich grabe ich mich tiefer in die Kissen: Sieht so aus, als könnten wir zum ersten Mal seit langer Zeit ungestört durchschlafen. Wie schön.

Wieso brennt das Licht, wer hat es angemacht?

»*Hej, ni två!* Na, ihr zwei?«

Es war so klar. Ich hätte es mir denken können, das konnte einfach nicht gut gehen. Keine Nacht ohne Gustaf. Er hockt am Ende unseres Bettes. Es sieht aus, als hätte er uns schon länger beobachtet.

»Oh nee, Gustaf!«, stöhne ich. »Muss das sein? Kannst du uns nicht ein einziges Mal in Ruhe lassen?«

Achim bleibt einfach auf dem Bauch liegen und gibt ein gedämpftes Fluchen von sich. »Verschwinde!«

»Gleich. Aber könnt ihr mir eines ssagen?«

»Bier ist im Kühlschrank …«

»Weiß ich, die Käse auch. Die war *smaklig*.«

»Na dann … Guten Appetit«, brummt Achim in sein Kissen. »Was willst du noch?«

»Ich frage mich: Warum läuft zwissen euch nichts?«

»Was läuft nicht?«, frage ich.

»Na hier, bei euch, in die Bett«, antwortet Gustaf.

»Was? Wo… Woher willst du das wissen?«, stottere ich, und Achim blafft genervt: »Was geht dich das an?«

»Ihr küsst euch nicht mal. Nichts. Es ist keine Liebe da.«

Ich schlage mit dem Kissen nach ihm, aber es saust mitten durch ihn durch. »Kein Wunder! Wie soll da was laufen, wenn du uns dauernd störst? Geh schlafen – oder was auch immer!«

»Und dann …«

»Schlafen wir auch!«

»Hm. Und ihr sseid überhaupt nicht ssarf aufeinander?«

»Gustaf, es ist drei Uhr nachts!«

»Ist es vielleicht eine organisse Problem, etwas mit die Potenz?«

»Garantiert nicht!«, rufe ich schnell.

Achim atmet einmal tief durch, dann bellt er: »Verpiss dich!«

»Ich frag nur! Ich will ja nur, dass es euch gut geht.«

Hört das denn nie auf? Das ist ja schlimmer als jede Therapiestunde. »Wenn es dich glücklich macht … Achim, komm her!« Ich nehme Achim in den Arm und küsse ihn. Dann frage ich Gustaf: »Jetzt zufrieden?«

Gustaf grinst schelmisch. »Ihr sseid sseltssam, ihr Deutsche. Mich musste man nie lange überreden.« Er macht das Licht aus und geht. »*God natt!*«

Ich nehme Achims Hand, ziehe sie zu mir rüber und kuschle mich rückwärts an seinen Bauch.

154

»Achim?«

»Hm?«

»Glaubst du, er spioniert uns nach?«

»Ich würde darauf wetten!«, sagt er, dann höre ich nichts mehr von ihm.

Schläft er schon wieder? Kein Wort von ihm zu Gustafs Vorwurf. Er hätte wenigstens sagen können, dass ihm der Kuss gefallen hat. Mensch! Was ist nur mit uns los? Alles könnte so einfach sein. Wir müssten es einfach mal wieder tun, ohne groß nachzudenken, so wie damals in Lacanau-Océan.

Vielleicht hat Gustaf recht: Wir Deutschen sind wirklich seltsam!

26.

Es hat überhaupt nichts zu bedeuten, dass ich Carsten noch bis zu seiner Haustür begleite. Ich möchte mich nur für den wunderbaren Abend bedanken, alles andere wäre doch wohl unhöflich, außerdem liegt die Wohnung, die sein Freund ihm zur Verfügung gestellt hat, zufällig auf dem Weg. Sie ist nur ein paar Schritte von dem Italiener entfernt, bei dem wir uns getroffen haben, und mein Auto parkt auch gleich um die Ecke – legal, das habe ich mehrfach kontrolliert. Ich möchte kein Knöllchen riskieren. Nicht dass irgendwann Post von der Stadt kommt und Achim fragt, warum ich mich abends im Bonner Kneipenviertel herumgetrieben habe. Ohne ihn und ohne dass er davon gewusst hat.

Carsten? Habe ich *Carsten* gesagt? Ich meine natürlich Dr. Sittler.

Es hat auch nichts zu sagen, dass ich heute Morgen eine Ewigkeit vor meiner Wäscheschublade stand und mich nicht entscheiden konnte, was ich anziehe. Wenn ich schon mal ausgehe, mit wem auch immer, dann will ich schick aussehen. Und auch gepflegt sein, weshalb ich mir noch mal sorgfältig die Beine rasiert habe, obwohl es nicht wirklich nötig gewesen wäre. Aber man weiß ja nie.

Um Himmels willen, Saskia. Was weiß man nie?

Ach, egal. Es war ein netter Abend, ich hatte schon fast vergessen, wie schön das sein kann. Ausgehen. Plaudern. Und auch flirten, ja. Aber nur ein bisschen.

Carsten, also Dr. Sittler, ist ganz anders, als ich dachte: respektvoll und gar nicht aufdringlich, auf zurückhaltende Weise charmant. Ein echter Gentleman. Dass es so was noch gibt.

Aber – Gentleman hin, Gentleman her – muss er deshalb gleich derart distanziert sein? Ich meine, ich bin eine Frau, ich weiß die eine oder andere Aufmerksamkeit durchaus zu schätzen. Komplimente, vielleicht sogar mal eine zweideutige Anspielung. Sonst ist er doch auch nicht so schüchtern. Heißt es.

Findet er mich denn nicht attraktiv? Oder bin ich für Männer nur noch ein Neutrum – verheiratet, Mutter von zwei Kindern, weg vom Fenster?

Du meine Güte, ob mich überhaupt noch mal jemand anfassen will?

Wir kommen vor seiner Haustür an.

»Danke für den schönen Abend«, sagt er – Küsschen rechts, Küsschen links.

Wie, war das schon alles? Er könnte ruhig ein bisschen frech werden, so aus Prinzip, mein Selbstbewusstsein könnte das gerade gut gebrauchen. Hey, er hat sogar mit Chiara Pütz herumgemacht, der billigen Schnalle. Okay, die kann wahrscheinlich auch gar nichts anderes, ihre Fähigkeiten liegen wohl mehrheitlich im horizontalen Bereich. Aber dann kann er doch mich nicht im Regen stehen lassen, das wäre das völlig falsche Signal. Wenn es noch ein Stück Gerechtigkeit auf dieser Welt gibt, dann versucht er jetzt gefälligst, mich zu küssen.

Stattdessen behandelt er mich wie eine Dame. Verdammt …

Ein wenig unschlüssig stehen wir auf dem Bürgersteig. »Ist bestimmt seltsam, in einer fremden Wohnung zu leben«, sage ich schließlich.

»Möchtest du mit hochkommen, auf ein Glas Prosecco?«, erwidert er schnell.

»Ich darf keinen Prosecco mehr trinken. Ich muss noch fahren.«

»Ich weiß auch gar nicht, ob welcher da ist.«

Wir müssen beide lachen – und endlich, endlich greift er meine Hand. Na also! Ich hatte schon Angst, ich müsste hinter das Thema Männer endgültig einen Haken setzen.

Nimm dies, Chiara Pütz!

Carsten schließt die Tür auf, gemeinsam gehen wir hoch. In der Wohnung hilft er mir galant aus dem Mantel, und während er ihn aufhängt, gehe ich ins Wohnzimmer voraus.

»Mach's dir gemütlich, fühl dich wie zu Hause, ich kenn mich hier auch nicht aus«, erklärt er.

Bin ich nervös! Das letzte Mal, dass ich in so einer Situation war, ist zwanzig Jahre her. Es geschah nachts um drei Uhr in einem Studentenwohnheim – und es gab Aldi-Sekt aus Kaffeetassen.

Was sind die Spielregeln? Was mache ich hier überhaupt, und wie benehme ich mich? Bleibe ich stehen? Darf ich mich setzen? Kann ich jetzt noch Nein sagen, oder ist das schon so eine Art von Versprechen, wenn ich mit in die Wohnung komme? Wie reagiere ich, wenn er mich küssen will? Oder schlimmer: Was, wenn nicht?

Und hält mein Lippenstift noch? Vielleicht wäre Flüchten doch eine gute Idee.

Ich sehe mich um: Aha, so leben Singlemänner heutzutage also. Man sieht gleich, dass hier keine Kinder zu Hause sind, denn alles wirkt sauber und aufgeräumt, bis auf die diversen Fernbedienungen, die herumfliegen. Das Sofa ist beeindruckend, einladend wie eine Liegewiese steht es mitten im Raum. Wie viele Frauenslips mögen in seinen Ritzen schon verschollen sein? Farblich passt es perfekt zur Kommode und den Regalen. Braun und Weiß dominieren, Stil geht vor Gemütlichkeit.

Auf der TV-Bank gegenüber dem Sofa thront ein Fernseher, der fast so groß ist wie unserer. Männer und ihre Prioritäten!

Dies ist eine Singlebude auf höchstem Niveau. Selbstverständlich steht hier auch Prosecco oder Ähnliches im Kühlschrank. In der Küche höre ich einen Korken ploppen, gluckernd wird eingeschenkt.

»Schön hier«, sage ich, als Carsten mit den Gläsern ins Wohnzimmer kommt.

»Ja, nicht wahr? Mein Kumpel hat echt Stil!«

»Er hat nichts dagegen, wenn du in seiner Wohnung Besuch hast?«

»Ach, und wenn schon …«

»Dann ist es also verboten?«

»Vielleicht …«

Er reicht mir mein Glas, wir stoßen an und nippen am Prosecco.

Oje, habe ich ihn gerade am Unterarm berührt? War ich das? Er lächelt, greift in meine Haare, spielt mit einer Strähne, streicht über mein Gesicht. Unsere Hände finden sich. Er zieht mich an sich heran, küsst mich, und ich spüre seine Hand auf meinem Hintern. Dieser Mistkerl, er weiß genau, was er tun muss! Ich genieße es …

Ich spüre seine Lippen auf meinem Hals, bevor er sie hinunter zu meinem Dekolleté gleiten lässt, woraufhin ich auch schon an seinem Hemd zerre. Alles geschieht wie im Rausch.

»Ins Schlafzimmer?«, schlägt er vor.

»Wo denn?«

»Keine Ahnung. Ich glaub da vorn …«

Knutschend wandern wir hinüber zu der Tür und stoßen sie auf. Es ist das Arbeitszimmer. Also probieren wir's eine Tür weiter: Treffer!

Wir stolpern hinein, Carsten lässt mich aufs Bett fallen, knöpft meine Jeans auf, zieht sie mir aus. Haben sich die Dessous doch schon mal gelohnt. Er legt seine Hände um meine Taille, vom Bauchnabel aus wagt er sich küssend immer weiter hinunter. Ich fühle mich wie betrunken, aufgeputscht, durcheinander … Nicht aufhören!

Bitte küss mich … Oh ja, genau da!

Müsste ich mich frisch machen? Ach, wozu? Keine Zeit …

Keine Zeit?

Keine Zeit, weil es bestimmt schon nach neun ist und zu Hause die Kinder auf mich warten. Wenn ich früh genug heimkomme, dann sind sie vielleicht noch wach, und ich könnte ihnen einen Gutenachtkuss geben.

Und wenn schon. Carsten knabbert bereits an meinem Slip herum, seine Hand liegt auf meinem Oberschenkel. Wohin ist er denn jetzt schon unterwegs? Ich spüre seine Berührung, so weich und warm …

Wie habe ich das vermisst. Ich muss es einfach nur geschehen lassen …

»Stopp!«, rufe ich. Oder zumindest irgendein Teil von mir.

Carsten hebt den Kopf und schaut überrascht zu mir hoch. »Bitte was?«

Ich setze mich auf und ziehe meine Beine unter ihm weg. »Tut mir leid, ich kann das nicht.«

Er schaut entgeistert, atmet tief durch und fährt sich mit der Hand durchs Haar. »Puh, okay …«

Richtig blöd ist, dass man sich danach noch anziehen muss, den BH überstreifen, ihn schließen und mit dieser blöden Bewegung nach hinten drehen, in die Jeans schlüpfen, die Bluse zuknöpfen … Und er sieht mir dabei auch noch zu wie ein Kind, das vor einem Spielzeugladen steht, und der Verkäufer dreht drinnen gerade den Schlüssel um. Am liebsten würde ich mich gleich in Luft auflösen.

Ich komme mir so billig vor.

Das hier hätte nie passieren dürfen.

Ich wiederhole, dass es mir leidtut, gebe ihm noch einen Abschiedskuss, und dann verschwinde ich so schnell wie möglich. Natürlich ist Carsten enttäuscht, kann ich verstehen, geht mir ähnlich. Die Küsse, die Berührungen, die Leidenschaft …

Es hat so gutgetan, verdammt!

Aber was nicht geht, geht nicht.

Keine Ahnung, wie ich im Auto heil nach Hause gekommen bin. Ich hätte fast einen kleinen Hund überfahren, der von Frauchen gerade über die Fußgängerampel gezerrt wurde. Sie hatten Grün, ich Rot. Dann habe ich zwei anderen Autos die Vorfahrt genommen und einen Radfahrer geduscht, als ich neben ihm viel zu schnell durch eine große Pfütze gefahren bin. Schließlich bin ich sogar noch falsch abgebogen, in Richtung unserer ehemaligen Wohnung. Ich bin völlig durch den Wind, kann nicht klar denken, und in meinem Bauch ist Kirmes.

Als ich die Haustür aufschließe, steht Achim gerade im Flur und zieht seinen Mantel aus.

»Bist du jetzt erst nach Hause gekommen?«, frage ich.

»Ja, entschuldige. Hat auf der Arbeit ein bisschen länger gedauert.«

»Aber … Du wolltest doch …«, lamentiere ich. »Es ist zehn Uhr!«

Wir hatten abgemacht, dass er an diesem Abend früher nach Hause kommt und sich um die Kinder kümmert, während ich mich ausnahmsweise mal mit meinen Kolleginnen amüsiere.

»Mann, Achim. Wie kann man nur so gedankenlos sein!«, schimpfe ich.

Na, das sagt heute Abend genau die Richtige.

Noch im Mantel stürme ich weiter ins Wohnzimmer: Was machen die Kinder? Hoffentlich haben sie nichts angestellt.

»Hallo, Mama«, begrüßt mich Lukas vergnügt. Er hat ein Buch auf dem Schoß. Mein Sohn liest? Freiwillig? Das ist mal eine Überraschung.

»Hej!«

Wie ein Großvater, der seinem Enkel die Welt erklärt, sitzt neben ihm Gustaf auf dem Sofa.

»Wo ist Kim?«, frage ich.

»Die ist in ihrem Zimmer.«

»Allein?«, fragt Achim.

»Ja.«

Mir fällt ein Stein vom Herzen.

Es ist nichts passiert, alles ist in bester Ordnung. Die Erkenntnis trifft mich hart, aber Fakt ist: Wir müssen uns bei Gustaf bedanken.

»Was hast du da denn für ein Buch?«, frage ich Lukas interessiert.

»*Das Gespenst von Canterville*. Hat Gustaf mir gegeben!«

»Das ist nett von ihm. Jetzt aber ab ins Bett, schnell!«

»Och, Mama. Ich will aber noch lesen!«

»Na gut. Noch eine Seite!«

Es ist unfassbar. Womit haben wir das verdient? Aus einem fußballverrückten, Playstation-geschädigten Bengel macht ausgerechnet Gustaf, unser Chauvi-Hausgespenst, eine Leseratte. Dann kommt auch Kim ins Wohnzimmer und schwärmt: »Gustaf ist sooo lustig! Er sagt, ich bin ein *Backfisch*.« Dann kichert sie.

Schließlich meldet sich Gustaf zu Wort. »Ich habe ihr gessagt, ssie ssoll die Jungens ruhig ein wenig zappeln lassen.«

Kim nickt begeistert, Achim auch.

»Gustaf, danke«, sage ich.

Ich habe mich in ihm getäuscht. Manche Dinge scheint er mit seinen vierhundert Jahren sogar besser zu verstehen als moderne Eltern.

»Aber danke wofür?«

»Dass du heute da warst und dich um die Kinder gekümmert hast. Du bist ein guter Geist!«

Seltsam, so richtig scheint er sich über das Kompliment nicht freuen zu können. Wer weiß, vielleicht war das für den alten Gauner doch eine Spur zu sentimental.

Nachdem ich Lukas ins Bett gebracht und ihm einen Gutenacht-kuss gegeben habe, gehe ich direkt ins Bad. Ich muss wegdu-schen, was heute Abend passiert ist. Ich fühle mich so schäbig und schmutzig. Ich bin eine Schlampe, jawohl!

Ich schrubbe mich gründlich sauber. Danach stehe ich noch eine Weile unter der Brause und lasse einfach das Wasser laufen. Der Heißwasserzähler dürfte inzwischen glühen. Als ich endlich fertig bin, herrscht im Bad dichter Nebel. Das Wasser rinnt mir aus den Haaren und in die Augen. Blind strecke ich den Arm aus und taste nach dem Handtuch. Ah, da ist es, ich fühle den wei-chen Frotteestoff.

Aber Moment, ist da denn schon die Wand? Die müsste noch ein gutes Stück weiter weg sein. Wer ist da, wer hat mir das Tuch in die Hand gedrückt? Ich schlage die Augen auf und blinzle.

Schemenhaft taucht im Wasserdampf ein dunkler Filzhut auf.

»Gustaf, raus hier!« Wütend reiße ich das Handtuch an mich und wickle es um meinen Körper.

»Habe nichts gesehen«, beteuert Gustaf und hält sich de-monstrativ die Hand vor die Augen. So unverschämt, wie er dabei grinst, glaube ich ihm aber kein Wort.

»Mieser Spanner!«

Ich versuche, ihm einen Schlag zu verpassen. Natürlich ver-geblich. Möchten mich heute noch mehr Männer nackt sehen? Bitte, nur hereinspaziert! Vielleicht sollte ich Eintritt nehmen.

»Was machen wir sso sspät noch unter die Dusche?«, fragt Gustaf, und statt meine Antwort abzuwarten, legt er den Kopf zur Seite und raunt verschwörerisch: »Fühlen wir uns ssäbig und ssmutzig? Haben wir eine kleine Geheimnis?«

Mir stockt der Atem. »Woher weißt du …?«

164

Wie kann das sein? Wieso weiß er schon wieder über alles Bescheid? Er kann mir doch nicht gefolgt sein, nicht bis in die Stadt, und er saß doch die ganze Zeit bei Lukas im Wohnzimmer und hat mit ihm gelesen. Er hat ein Alibi. Nein, er muss Gedanken lesen können. Das ist die einzige Erklärung.

Gustaf breitet die Arme aus. »Sso sseid ihr Frauen. Vierhundert Jahre, und es hat sich nichts geändert. Ihr versucht immer noch, die schlechte Gewissen wegzuwaschen.«

Oh Gott, sind wir so leicht zu durchschauen? Hoffentlich ahnt Achim nichts.

»Es ist überhaupt nichts passiert. Gustaf, da war nichts!«, beteuere ich.

»Bestimmt!« Gustaf nickt. »Die Frage ist nur, mit wem ist nichts passiert?«

Jetzt weiß es Gustaf, es ist raus. Und ehrlich gesagt fühle ich mich erleichtert. Ich musste einfach loswerden, was geschehen ist: Dass ich bei einem anderen Mann war, aber auch, wie lieblos unsere Ehe geworden ist. Mir fehlt die Nähe, die Wärme, die Sinnlichkeit.

Weibliche Frettchen sterben, wenn sie keinen Sex haben? An deren Stelle könnte ich mir schon mal einen Sarg bestellen.

Ich brauchte jemanden, dem ich mein Herz ausschütten kann, und ausgerechnet in dem Moment war Gustaf zur Stelle.

Und Achim? Muss ich ihm die Sache auch beichten?

Vielleicht nicht gleich alles auf einmal, nur das, was bis zur Schlafzimmertür passiert ist … Die Jeans bleibt zu!

Eheberater warnen davor: Es sei egoistisch, einen Seitensprung zu gestehen, sagen sie, man wälze nur das eigene schlechte Ge-

165

wissen auf den Partner ab und verschlimmere alles nur. Als Psychologin müsste ich mir also selbst raten, den Mund zu halten. Aber als Ehefrau? Hm.

Es ist die Hölle! Ich habe so ein schlechtes Gewissen. Ob Achim merkt, dass mit mir was nicht stimmt, und es mir ansieht? Frauen haben angeblich eine Antenne für so was. Er etwa nicht?

Auf einer Skala von 1 bis 10: Wie falsch war das, was ich getan habe?

Vermutlich irgendwo bei 7 bis 8. Es war ja nicht nur Küssen, wir haben ja auch schon … Ach, ich will gar nicht daran denken.

Auf einer Skala von 1 bis 10: Wie wird Achim reagieren?

Ich tippe auf 11 bis 12. Er wird zutiefst enttäuscht sein und dann eine besonders traurige Episode aus *Pu der Bär* zitieren. Nein, er wird nicht wütend werden, stattdessen wird er sich noch mehr einigeln. Nie, nie, nie darf er davon erfahren. Ich muss selbst damit klarkommen. Irgendwie.

Und wenn der andere es doch erfährt? Dann stammelt man auf einmal so bescheuerte Sätze wie: *Schatz, es hat nichts zu bedeuten!* Oder: *Es ist nicht so, wie du denkst.* Wenn der Partner das sagt, dann hatte es erst recht was zu bedeuten, und dann war es heuchlerisch und verlogen und garantiert viel schlimmer, als man je für möglich gehalten hätte. Das ist wieder wie mit meinem Zahnarzt, wenn er sagt, dass etwas nicht wehtut.

Auf einer Skala von 1 bis 10: Wie schlecht kann man schlafen?

Es geht gegen unendlich, mein Hirn rattert pausenlos. Wie kriegen andere Leute das hin, die über Jahre fremdgehen? Wie abgebrüht sind die? Ich bekomme auch so schon ein Magengeschwür, nach einem einzigen Ausrutscher, und immerhin hatte ich dabei noch meinen Slip an.

Ach, ich hätte es vorher wissen müssen: So ein Fehltritt ist echt nichts für Anfänger. Am liebsten würde ich mich gründlich betrinken. Oder sollte ich besser ein paar Schlaftabletten einwerfen? Mal überlegen, was schlimmer ist: Tabletten oder Trinken?

Was wäre mit Tabletten *und* Trinken?

Halluziniere ich schon oder fährt da draußen gerade ein Auto auf unseren Hof? Doch, ganz eindeutig, der Kies knirscht unter den Reifen und der Motor brummt vernehmlich. Sind das Einbrecher?

Ich rüttele an Achims Schulter. »Achim, Achim, da ist jemand!«

»Rrrgn. Sag Gustaf, er muss heut' alleine feiern«, brummt Achim und dreht sich von mir weg auf die Seite.

Jetzt hupt es da draußen auch noch.

Spinnt der, will er das ganze Haus aufwecken?

Ja, ganz offensichtlich will er das. Wieder höre ich ein Hupen. Wen führt es mitten in der Nacht ausgerechnet zu uns nach Rotthoven?

Doch hoffentlich nicht Carsten, der irgendwie sauer ist, weil …

Nein, das kann ich mir nicht vorstellen, so blöd ist der nicht. Unmöglich!

»Was soll das? Was ist das für ein Wahnsinn da draußen?«, schimpft Achim und klettert aus dem Bett.

Ich steige in meine Clownfisch-Puschen und schlittere ihm hinterher über den Flur.

Draußen lässt jemand mehrfach den Motor aufheulen. Klingt sportlich-kernig. Das muss ein großes Auto sein.

167

Dann hupt es erneut. Mehrfach. Na warte, der Typ kann was erleben!

Lukas lugt schlaftrunken hinter seiner Zimmertür hervor. »Mama, wer ist da? Wieso hupt der?«

»Papa und Mama schauen gerade nach. Wir kümmern uns darum. Geh wieder schlafen.«

Wir schließen die Haustür auf, öffnen sie einen Spalt und schauen vorsichtig hinaus. Schräg vor unserem Haus parkt ein schickes, altes Cabrio. Mit der chromglänzenden Front, der langen Schnauze und der sanft nach hinten abfallenden Seitenlinie wirkt es sehr elegant, der Lack schimmert seidig im Mondlicht.

Achim geht ein paar Schritte hinaus vor die Tür, bleibt dann stehen, beugt sich leicht vor, als müsste er sich vergewissern, was er da sieht. »Das glaub ich nicht!«

»Was denn?«

»Das ist ein SL! Genau so einer, wie ich haben will!«

»Aber wie kann das sein, wo kommt der her, wer fährt denn mitten in der Nacht …«

Die Autotür fliegt auf. »Hej!«, ruft der Fahrer und schwenkt seinen riesigen Filzhut.

»Gustaf, bist du wahnsinnig?«, schimpfe ich.

»Gustaf, der Wahnsinn«, jubelt mein Mann.

Und dann rattert er ansatzlos Zahlen und Fakten herunter: Wie viele PS dieses Auto hat und wann es gebaut worden ist. Respekt. Was das betrifft, scheint Achim ein echter Experte zu sein. Ich wüsste nicht mal, wo ich bei diesem Schlitten den Tankdeckel finden würde.

»Gustaf, wo hast du das Auto her?«, frage ich.

Gustaf zögert mit der Antwort. »Ähm … akquiriert!«

»Was heißt das?«

»Akquiriert heißt akquiriert.«

»Du hast es geklaut!«

»Nein, ich habe es beschlagnahmt in die Name von die Königin Kristina I. von Ssweden und von ihre Sstatthalter!«

»Wo ist da bitte der Unterschied?«, schimpfe ich.

»Ganz einfach: Du kommst nicht vors Kriegsgericht.«

»Geile Nummer«, murmelt neben mir Achim.

»Achim, bitte sorg dafür, dass dieses Auto von unserem Hof verschwindet!«

Gustaf klimpert verführerisch mit den Autoschlüsseln. »Ja, Achim, tun wir, was sie ssagt. Lass uns versswinden!«

»Wieso kannst du Auto fahren?«, wundert sich Achim.

Gustaf zeigt in Richtung der Hauptstraße. »Wenn du sso fragst ... Die Radfahrer da hinten war anderer Meinung ...«

»Achim, steig da nicht ein«, flehe ich. »Das ist geklaut!«

»Ssteig ein, Achim, das ist deine Traumauto«, säuselt Gustaf verführerisch. »Was für eine schöne Cabrio. Damit beeindruckst du auch die Yvonne.«

»Sag mal, spinnst du komplett«, zischt Achim plötzlich.

Erschrocken hält Gustaf sich die Hand vor den Mund. »Ups!«

»Achim ... Achim, wer ist Yvonne?«, frage ich.

Achim wirbelt zu mir herum und schaut mich mit panisch aufgerissenen Augen an. »Schatz, es hat nichts zu bedeuten«, beteuert er. »Es ist nicht so, wie du denkst!«

Gebt mir ein Messer! Ein großes!

Und ich dachte noch, Frauen hätten für so was eine Antenne. Vergiss es. Da wälze ich mich die ganze Nacht schlaflos im Bett herum. Nur weil ich ein einziges Mal in beinahe zwanzig Jahren einen anderen Kerl geküsst habe, wozu ich ja wohl jeden Grund hatte. Und was macht mein Mann? Betrügt mich die ganze Zeit mit irgendeiner wildfremden Frau! Kein Wunder, dass er bei mir keinen mehr hochkriegt, wenn er sich woanders verausgabt. Ich könnte kotzen.

Achim flüchtet vor mir ins Haus. Ich verfolge ihn, packe ihn am Arm und zerre ihn in die Küche. Damit bin ich schon mal näher an den Messern. Außerdem sollen die Kinder nicht hören, wie wir uns streiten.

Ich drücke die Küchentür ins Schloss, dann knöpfe ich mir Achim vor.

»Wer ist Yvonne?«

»Niemand!«

»Achim …!«, drohe ich.

»Sie ist eine Kollegin … Eine Praktikantin … Meine Assistentin …«

»Wie alt?«

»Dreißig etwa … Nicht ganz …«

»So ein junges Ding?«

»Vierundzwanzig, um genau zu sein.«

»Vierundzwanzig? Die ist ja noch ein Kind. Wie praktisch«, höhne ich. »Dann ist sie klein genug für *Pu der Bär*!«

Es war so klar. Irgendein junges Luder, das keine großen Ansprüche stellt, da kann er den großen Larry raushängen lassen, während er zu Hause nichts mehr zustande bringt. Aber muss sie gleich derart unverschämt jung sein?

Ich versteh das einfach nicht.

Er könnte ihr Vater sein. Was findet er an ihr und sie an ihm?

Wie kommt so was zustande?

Mein Mann hurt herum. Und was tue ich? Ich stoße den charmanten, gut aussehenden Arzt von der Bettkante, während er mich gerade so schön zärtlich verwöhnt. Ich bin so dumm! Ich hätte den Jackpot haben können, unseren George Clooney. Die Schwestern lachen mich aus, wenn sie das hören. Man bereut immer nur das, was man nicht tut. Verdammt!

Mein Handy klingelt, aber ich zögere, denn die Nummer ist unterdrückt. Es ist kurz vor vier. Ist es etwa die Klinik, etwas Dringendes? Geht es vielleicht um Frau Nettekoven?

»Hallo …?«, melde ich mich vorsichtig.

Zuerst ist nur ein wildes Tosen zu hören, wie ein heftiger Sturm. Dann folgen hysterisches Lachen und Jauchzen. Wie zur Warnung ertönt im Hintergrund das lange und tiefe Hupen eines LKWs.

Vorhin ist Gustaf mit durchdrehenden Reifen vom Hof geprescht, sodass der Kies uns nur so um die Ohren flog, er ist um Haaresbreite an der rechten Säule unserer Hofeinfahrt vorbeigeschrammt und hat dann mit einem wilden Schlenker eine Furche durch den Acker gezogen. Er kann wirklich nicht fahren. Aber warum sollte ihn das auch bekümmern? Man stirbt nur einmal, und das hat der alte Schwede offenkundig schon hinter sich.

»Gustaf, wo bist du?«, brülle ich ins Handy.

»Jaaaa, Wahnsinn! Auf die Autobahn!«

»Gustaf … Gustaf! Halt bitte an!«

»*Ur vägen*, aus dem Weg, Trottel!«

Die Schimpftirade galt wohl einem anderen Verkehrsteilnehmer. Wieder hupt der LKW, Reifen quietschen, Gustaf schreit.

Was folgt, ist ein dumpfes Krachen. Wie ein Pappkarton, in den man hineintritt. Ein hässliches Geräusch.

»Gustaf? Gustaf!«

Stille. Das Gespräch ist tot. Hoffentlich hat Gustaf keine anderen Autos in den Unfall hineingezogen, hoffentlich ist niemand verletzt. Das ist meine größte Sorge.

»Was ist?«, fragt Achim.

»Klang wie ein Unfall. Schlimm.«

Achim erschrickt: »Oh nein, der SL!«

Männer! Alles, woran sie denken, sind Sex und Autos.

27.

»... steht die Polizei vor einem Rätsel. Der wertvolle Old-
timer war am späten Abend entwendet worden. Laut Augen-
zeugen raste der Wagen in wilden Schlangenlinien über die
A3. Obwohl davon auszugehen ist, dass der Fahrer schwere
Verletzungen erlitten hat, fehlte von ihm am Unfallort jede
Spur.

Es folgen weitere Nachrichten aus der Region. Königswin-
ter. Ein exhibitionistisch veranlagtes Eichhörnchen verbreitet
am Drachenfels unter Wanderern Angst und Schrecken. Der
zeigefreudige Nager ...«

Ich schalte das Radio aus.

Damit hat Gustaf es sogar in die Morgennachrichten geschafft.
Zum Glück ist sonst niemand zu Schaden gekommen, das ist das
Wichtigste. Aber wo steckt er nur? Ich habe nicht gehört, dass er
nach Hause gekommen wäre. Jemandem, der sich dauernd selbst
den Kopf abreißt, dem wird so ein Autounfall doch nichts anhaben können, oder?

Achim ist noch unter der Dusche.

»Mama, Papa hat auf dem Sofa geschlafen«, wundert Lukas
sich.

Daran hatte ich natürlich heute Nacht nicht gedacht, als ich Kopfkissen und Bettdecke ins Wohnzimmer geworfen habe: Wie erklären wir das unseren Kindern?

»Ich weiß, Lukas.«

»Warum?«

»Weißt du, Papa war frech.«

»Schläft er da jetzt immer?«

»Mal sehen. Wenn er sich benimmt und ganz lieb um Verzeihung bittet, dann darf er vielleicht wieder ins Bett«, versuche ich zu scherzen.

Lukas muss nur kurz nachdenken, dann steht seine Meinung fest. »An Papas Stelle würde ich da bleiben. Dann kann er die ganze Nacht fernsehen!«

Ich frage lieber nicht, was Lukas wichtiger wäre. Der Apfel fällt nicht weit vom Stamm. Wahrscheinlich würde er seine Mama auch jederzeit gegen den Fernseher eintauschen. Oder gegen eine junge, knackige Babysitterin mit großen Brüsten.

Möchte ich nach dem Abgang, den ich gestern in seiner Wohnung hingelegt habe, auf Carsten treffen? Ich weiß nicht. Mit ein paar schnellen Schritten sprinte ich über den Flur ins Schwesternzimmer, ziehe mir meinen Kaffee und verschwinde möglichst unauffällig wieder.

Welche Medikamente haben wir im Krankenhaus, mit denen man jüngere Rivalinnen unauffällig um die Ecke bringen könnte? Ich habe da mal was gehört von Mitteln gegen Diabetes, die der Körper angeblich ziemlich schnell abbauen soll, weshalb sie sich wohl nach dem Tod kaum nachweisen lassen. Sie wirken schnell und unauffällig. Wir haben so viele zuckerkranke Patienten bei uns, da müssten diese Dinger doch zuhauf herumliegen wie Smarties auf einem Kindergeburtstag.

Und ich war treu, immer, weitgehend.

Ich dumme Nuss, warum bin ich gestern bloß von Carstens Bettkante geflüchtet? Da dachte ich, ich wäre das Miststück, und schwupp bin ich selbst die Betrogene … In welcher Dosis man dieses Diabetesmedikament wohl verabreichen müsste?

Vielleicht möchte ich den Doc doch wiedersehen. Vielleicht wird es Zeit für die zweite Tasse Kaffee.

Also laufe ich die Treppe hoch zur Inneren Station. Ich schaue zur Seite: Carsten kommt gerade aus einem der Krankenzimmer.

Ich gehe ihm entgegen. »Carsten …?«

Er wirkt überrumpelt. »Hallo, Saskia …«

Ich zupfe ihn am Ärmel, wir gehen zur Seite und schon stehen wir wieder im Eingang zur Wäschekammer. Mit dem Fuß schiebe ich die Tür hinter uns zu, dann stelle ich mich auf die Zehenspitzen, nehme seinen Kopf und küsse ihn. Ich habe meine Wahl getroffen: Ich will lieber Miststück sein.

Carsten reißt erstaunt die Augen auf, dann setzt er einen Schritt zurück. »Saskia, bitte entschuldige den Abend gestern …«

»Ich muss mich bei *dir* entschuldigen!«, sage ich und ziehe ihn an mich. Lass uns wild knutschen. Jetzt! Ich will es.

»Saskia, stopp! Ich glaube, es war ein Fehler!«

Fehler? Habe ich das richtig gehört? Er sagt, mit mir im Bett zu landen war ein – Fehler? Das meint er doch wohl nicht ernst.

»Ein *Fehler*?«, fauche ich.

Carsten gerät vor Verlegenheit ins Stottern. »Es … es ist nicht das, was ich will.«

»Aber – was denn sonst?«

»Es kommt so plötzlich, ich bin gerade erst frisch getrennt. Und, Saskia, du bist mir auch zu wichtig für einen billigen One-Night-Stand.«

So! Jetzt steh ich da und habe noch beide Hände an seinen Kittelaufschlägen, Reste meiner Spucke glänzen auf seinen Lippen. Wie peinlich! Das Schlimmste ist aber: Was er sagt, klingt vernünftig. Genau genommen hat er mir ein riesiges Kompliment gemacht. Was aber nichts daran ändert, dass ich frettchentechnisch immer noch tierisch unterversorgt bin!

»Du … du … du hattest so recht, als du gegangen bist«, stammelt Carsten. »Es war besser so.«

Ich ziehe seinen Kittel noch zurecht, bevor ich ihn loslasse. »Du liebst sie noch?«

»Ich denke, ja.«

»Aber – warum machst du dann mit dieser blöden Kuh rum?«

»Mit Chiara? Oh Gott, ja. Das war wirklich ein Fehler!«, stöhnt Carsten.

Ist denn in dieser Welt auf nichts mehr Verlass? Da denkt man sein Leben lang, alle Männer sind Schweine. Und dann entpuppt sich plötzlich die größte Wildsau im Revier als tugendhafter Ritter, sensibel und einfühlsam, und das ausgerechnet, wenn ich nur eines will: Sex. Was für ein scheiß Timing!

Dr. Sittler macht die Tür der Wäschekammer auf und späht vorsichtig hinaus, ob uns jemand sehen könnte. Dann verschwindet er schnell. Ich warte noch ein paar Sekunden, bevor ich auch auf den Flur hinausgehe.

Mich erwartet breit grinsend und mit verschränkten Armen

Schwester Regine. »Die Psychotante, sieh an. Wo ein Wille ist, ist auch eine Wäschekammer.«

Wieder ein scheiß Timing.

»Schwester Regine, es ist überhaupt nichts passiert«, beteuere ich. »Wir ... Wir hatten ein rein fachliches Gespräch, es ging um eine Patientin ...«

»Ja klar, und ich wiege zweiundneunzig Kilo, weil ich mich von Bambussprossen und Tofugeschnetzeltem ernähre«, spöttelt sie.

»Ehrlich!«

»Na dann ...«

Schwester Regine steht immer noch breit grinsend da und starrt mich an. Was soll ich machen? Einfach so tun, als wäre nichts gewesen, und weggehen?

Ach, sie weiß es doch eh ...

»Ist ja schon gut, okay«, gestehe ich. »Wir haben uns da drin geküsst ...«

»Soll ich Ihnen was sagen? Ich habe auch gelogen. Ich stopfe alles in mich rein: Burger, Pommes, Buttercremetorte, Spareribs ...«

»Aber ich schwöre, mehr war nicht!«

»Die Pommes lass ich manchmal weg ...«

»Schwester Regine, bitte: Erzählen Sie es keinem«, flehe ich.

»Ist doch Ehrensache«, verspricht sie. »Von mir erfährt niemand etwas, ich schweige wie ein Grab.«

»Danke!« Ich hoffe, ich kann mich auf sie verlassen.

»Das sage ich übrigens nicht nur, ich halte das auch. Aber, Saskia, ein Tipp unter Schwestern ...«

»Was denn?«

»Machen Sie's nicht so offensichtlich!«

»Was meinen Sie damit?«

»Na, rennen Sie ihm nicht ständig mit hängender Zunge hinterher. Mein lieber Scholli, man könnte wirklich meinen, Sie hätten es nötig!«

28.

»Einmal unterschreiben bitte …«

Schon wieder! Dabei hatte Gustaf doch versprochen, er würde nichts mehr bestellen. Ich kritzle meinen Namen auf das Display, und der Paketbote drückt mir das kleine Päckchen in die Hand.

»Viel Spaß«, wünscht er mir. Aber wieso grinst er dabei so unverschämt?

Absender des Päckchens ist dieses Mal nicht der Internetriese, sondern eine Firma in Delaware, USA. Der Karton ist so klein, da passt kaum ein Smartphone hinein, von außen ist er schneeweiß. Was ist das nun wieder für Elektroschrott? Eine Satellitensteuerung, Material zur Urananreicherung, irgendwas, was uns die Geheimdienste oder arabische Diktatoren auf den Hals hetzen könnte?

Mittlerweile traue ich Gustaf alles zu.

Ich reiße den Karton auf. Darin steckt ein kleines Fläschchen mit Medikamenten, rautenförmigen blauen Tabletten, um genau zu sein.

Viagra. Der Mistkerl hat uns Viagra bestellt, illegale Medikamente aus dem Netz, an unsere Adresse! Ich arbeite in einem Krankenhaus, da kann ich in Teufels Küche kommen. Und dann auch noch Potenzmittel – für meinen Mann, der fremdgeht, ausgerechnet. Ich könnte schreien.

Na warte! Wir haben Ende Oktober, es ist kurz vor fünf. Noch eine gute Stunde bis zum Sonnenuntergang. Mit einem Gespenst im Haus gewinnen die Tages- und Nachtzeiten plötzlich enorm an Bedeutung.

Plötzlich schleicht Kim an mir vorbei ins Haus. Sie weint.

»Kim, was ist los?«

»Dustin …«, schluchzt sie, dann rennt sie die Treppe hoch.

Ach, die Arme! Musste das so schnell gehen? Ich muss zu ihr, sie trösten. Aber wo lass ich das Viagra? Ich kann die Pillen nicht einfach so in die Küche stellen, nachher hält Lukas sie noch für Vitaminbonbons und futtert die ganze Flasche leer. Wie das Zeug bei einem Zehnjährigen wirkt, will ich gar nicht wissen. Das geringste Problem wäre, wenn danach die ganze Welt für ihn blau aussähe wie in einer Vorstellung der *Blue Man Group*. Rasch lasse ich das Medikamentenfläschchen in meiner Handtasche verschwinden. Vermutlich sind es weltweit die ersten Viagra-Tabletten, die in einer Damenhandtasche landen.

Ich klopfe vorsichtig an Kims Tür, lausche kurz, dann gehe ich hinein.

Kim liegt bäuchlings auf ihrem Sofa, sie hat den Kopf in den Armen vergraben und schluchzt. Ich setze mich neben sie und streichle über ihre Schulter.

»Was ist denn los, Liebes?«

»Weiß auch nicht.«

»Ihr habt Schluss gemacht?«

»Er! Mit 'ner SMS!«

»Hat er gesagt, wieso?«

»Nein.«

180

»Aber da muss doch was gewesen sein, irgendeinen Grund muss es doch geben. Hast du irgendwas gemerkt?«

»Nein!«

»Kim, weißt du, Jungs … Männer im Allgemeinen … sind manchmal seltsam. Vielleicht … vielleicht redet ihr noch mal miteinander.«

»Neeein!«, jault sie herzzerreißend. »Ich hasse ihn!«

Wehe, er hat keine gute Begründung, der kleine Bastard. Ich bin für Teeren und Federn, Rädern, Vierteilen und Pfählen. Das komplette Arsenal. Wer es wagt, meiner kleinen Kim wehzutun, der soll in der Hölle schmoren.

Was ist nur los auf dieser Welt? Vor ein paar Tagen war doch noch alles in Ordnung. Kim war glücklich mit Dustin, ich mit ihrem Vater und Dr. Sittler mit seinem Lotterleben. Wieso führen sich plötzlich alle auf, als hätten sie komplett den Verstand verloren, mich eingeschlossen? Woran liegt das? Was läuft hier aus dem Ruder?

Pünktlich zum Sonnenuntergang kommt auch mein Gatte heim. Ich checke kurz: Befinden sich fremde Frauenhaare an seinem Revers oder Spuren von Lippenstift am Hemdkragen? Gibt es weitere Indizien für einen Verrat? Nein, ich kann nichts entdecken. Dann drücke ich ihm die Viagra in die Hand. »Hier, kleine Kraftspender. Gruß an Yvonne.«

Er starrt erst auf die Flasche, dann sieht er mich ungläubig an. »Du hast die bestellt?«

»Nee, Gustaf. Für 735 Dollar.«

»Warum?«, fragt er fassungslos.

»*Das* frage ich mich auch, mein Lieber!«, ätze ich.

181

Dann steige ich in den Keller hinunter, um mit beiden Fäusten an die alte Holztür zu hämmern. »Mach auf!« Es ist halb sieben, vor gut einer Viertelstunde ist die Sonne untergegangen, Gustaf könnte sich also gefälligst blicken lassen.

Keine Regung.

Achim kommt nun auch die Kellertreppe herunter, nimmt eine Bierflasche aus der Kiste und hebelt sie auf, von einem Zischen untermalt fliegt der Kronkorken im hohen Bogen durch die Luft. Kurz darauf nimmt er die nächste und wiederholt die Prozedur.

»Gustaf, *Öl*!«, ruft er.

Schon dreht sich knirschend und quietschend der Schlüssel im Schloss, die Tür geht auf.

Gustaf streckt sich gähnend. »Hej! Ihr fangt aber früh an mit die Bier.«

Doch statt der Flasche Bier halte ich ihm die mit den Viagra-Tabletten hin. »Gustaf, was soll das?«

»Ihr musst entschuldigen, ich bin noch ein bisschen ramponiert von die Unfall«, weicht er aus.

»Gustaf!«

»Ihr müsst wissen, ich habe gestern Nacht zwei Stunden lang nach meine rechte Arm gessucht!«

»Erklär mir das! Bitte!«

»Die Viagra? Ist es nicht schön, dass es heute sso was gibt?«, schwärmt er. »Ihr habt alle Möglichkeiten, ihr lebt in glücklichen Zeiten!«

»Gustaf, die verdammten Pillen sind so teuer wie der ganze Fernseher!«

»Aber ist euch denn eure Liebe das nicht wert?«, fragt er vorwurfsvoll.

182

»Scheiß drauf, Gustaf! Das ist illegal, wir machen uns strafbar. Wenn das Krankenhaus davon erfährt …!«

Dieses Mal schüttelt sogar Achim verständnislos den Kopf. »Sag mal, alter Knabe, kannst du mich nicht wenigstens vorher fragen?«

»Aber es ist besser für euch beide«, entgegnet Gustaf. »Achim, du *kannst* wieder …!«

»Es wäre schön, wenn du dich da raushältst«, entgegnet Achim angesäuert.

»… und Saskia muss sich nicht mehr trösten mit diesse junge Arzt.«

Oh mein Gott, das hat er nicht wirklich gesagt!

»Gustaf!«, rufe ich. Zu spät, es ist raus.

»Arzt?«, stutzt Achim. »Was denn für ein Arzt? Saskia?«

»Ups!«, macht Gustaf.

»Achim, Achim! Bitte glaub ihm das nicht«, flehe ich. »Es … Es ist nicht so, wie du denkst!«

Ja, da ist er, dieser bescheuerte Satz. Aber was sollte ich denn sonst sagen, wenn es doch stimmt: Es war wirklich nicht so, wie er jetzt denkt. Scheiße …

Wortlos dreht Achim sich um, steigt die Kellertreppe hoch und marschiert schnurstracks weiter, bis er in unserem Schlafzimmer angekommen ist. Wütend knallt er die Tür hinter sich zu.

Ich klopfe vorsichtig. Einmal, zweimal … Dann wage ich es, die Klinke hinunterzudrücken und den Kopf ins Zimmer zu stecken. »Achim …?«

Das Kissen knallt mir frontal ins Gesicht, die Bettdecke fliegt gleich hinterher.

29.

Verdammt, ist so ein Sofa unbequem! Wenn ich das vorher gewusst hätte, vielleicht hätte ich mir dann überlegt, ob ich Achim hierhin verbanne. Ich wälze mich von der einen Seite auf die andere, bevor ich es auf dem Rücken probiere. Aber es hilft alles nichts. Ich kann so nicht schlafen.

Vielleicht hätte ich trotzdem eine Chance, wenn im Keller nicht schon wieder die Rotweinflaschen klirren würden. Feiert Gustaf etwa unsere Krise? Oder was ist da los?

Erst ruiniert er unsere Finanzen, dann unsere Ehe. Überhaupt hat er an allem Schuld. Ich hasse dieses Gespenst mehr denn je.

Aber Moment, was ist das? Dieser stechende Geruch, den kenne ich doch.

Riecht es wieder nach Kernseife?

»Gustaf?«, frage ich leise.

Da taucht auch schon sein Kopf hinter dem Sofa auf. »Kannst du auch nit schlafen?«

Ich rolle mich auf den Bauch, verzweifelt ramme ich meine Stirn auf das Kissen. »Oh, Gustaf, verdammt!« Kann er nicht einfach nur harmlose Streiche spielen und heulen und mit seinen Ketten rasseln wie alle anderen Gespenster?

»Ssieht sso aus, dass wir heute Nacht beide einssam ssind«, lispelt er.

»Das würde ich auch gerne bleiben.«

»Ich habe uns eine Flasche Rotwein mitgebracht.«

»Verschwinde!«

»Ah, du bist sso herzlos nach allem, was ich für euch getan habe mit die Kinder und sso!«

Gustaf spielt den Enttäuschten. Er schenkt sich selbst Rotwein ein und beginnt zu trinken. Will er jetzt etwa da sitzen bleiben und saufen? Na, das kann ja eine tolle Nacht werden.

»Gustaf, ich muss schlafen!«

Genüsslich schlürft er den Rotwein. »Kein Problem …«

»Ich kann aber nicht schlafen, wenn du …«, beginne ich zu schimpfen. »Ach Scheiße, Gustaf! Was soll das, wieso tust du uns das an?«

»Wie, was meinst du?«

»Warum machst du uns das Leben zur Hölle?«

»Ich?«, fragt er erschrocken.

Mein kleiner Wutausbruch scheint zu wirken. Nachdenklich legt Gustaf den Finger an die Nase. »Hm, mal überlegen …«

Habe ich ihn doch zum Zweifeln gebracht? Vielleicht schlummert tief verborgen in seinem Innern doch ein guter Kern.

Fast bedauernd erklärt er: »Ich bin eine Gespenst, ich muss böse sein. Es ist meine Berufung. Aber das ist nicht alles, da ist noch was …«

»Was denn?«

Er grinst hämisch, ein freudiges Strahlen überzieht sein Gesicht. »Es macht unglaublich viel Spaß!«

30.

Auf dem Frühstückstisch liegt die Tageszeitung, und gleich auf der ersten Seite wird im Lokalteil groß über den mysteriösen Crash im Siebengebirge berichtet, bei dem ein wertvoller, alter Mercedes SL zerstört wurde. Gustaf hat ganze Arbeit geleistet: Der Wagen hat einen Totalschaden.

Eines der Fotos zeigt den traurigen Besitzer neben dem Schrotthaufen. Wie schade für ihn. Ein bisschen fühle ich mich sogar mitschuldig, aber für den Unfall können wir wohl kaum haftbar gemacht werden. Oder?

Achim kommt erschreckend gut gelaunt in die Küche. Will er unsere Ehekrise überspielen, oder ist sie ihm schon egal?

»Dust in the wind«, trällert er vergnügt. »All we are is Dustin the wind ...«

Kim versteht sofort, was gemeint ist. »Papa, du bist gemein!«, kreischt sie und flüchtet aus der Küche.

Wie kann man nur so gefühllos sein? Wütend pfeffere ich ihm einen der Topflappen vor die Füße. »Du bist unmöglich«, schimpfe ich.

»Gleichfalls«, erwidert er trocken.

Das war unsere Unterhaltung für diesen Morgen.

Chiara ist zurück – und sie hat das Zwiebelprinzip für sich entdeckt: Sie trägt tatsächlich ein T-Shirt unter ihrem Kittel, der nun auch nicht mehr zwei Nummern zu eng ausfällt. Auch ihre Brüste drohen nicht mehr oben herauszupurzeln. Wir könnten sie nun also zu Herzpatienten schicken, ohne gleich den Defibrillator bereithalten zu müssen.

Ich will mir wie jeden Morgen meine Tasse Kaffee nehmen, aber nanu? Die Kaffeemaschine läuft zwar, sie röchelt fröhlich vor sich hin, aber es fehlt die Kanne. Sie steht noch daneben. Schnell schiebe ich sie unter den Filter, und schon rinnt plätschernd der Kaffee hinein. Gerade noch mal gut gegangen, Überschwemmung verhindert!

»Wer hat denn vergessen, die Kanne darunterzustellen?«, frage ich Schwester Regine.

»Gott, sie ist sogar zu dumm zum Kaffeekochen«, schimpft sie. »Chiara?«

»Ja, unser Marzipanschweinchen. Wer sonst? Wenn Dummheit tötet, dann hattest du so eine Krankenschwester auf der Intensiv.«

Auf dem Flur treffe ich Carsten, er fasst mich am Arm und zieht mich beiseite. »Frau Nettekovens Zustand hat sich verschlechtert«, informiert er mich. »Wir mussten den Termin für den Herzkatheter verschieben. Ich fürchte, sie hat nicht mehr lange.«

»Oh, das tut mir leid«, nehme ich so mitfühlend Anteil, als wäre er tatsächlich ihr Angehöriger.

»Danke, schon gut«, antwortet er, als würde es stimmen.

Er hat aber auch Pech. Irgendwie kommen ihm zurzeit alle Frauen abhanden.

Nachmittags klingelt mein Handy. Die Nummer kenne ich bereits: Es ist Lukas' Schule.

»Spreche ich mit Lukas' Mutter?«, fragt Frau Regula Blecher-Glöbusch.

»Ja. Was gibt's?«

»Lukas weigert sich, nach Hause zu gehen, er weint, er will hierbleiben.«

»Wieso das denn?«

»Frau Baumann, das frage ich Sie!«

Mal überlegen: Wir sind pleite, wir werden von einem Untoten terrorisiert, und seine Eltern schlafen abwechselnd auf der Wohnzimmercouch. Reicht das an Gründen, damit ein Zehnjähriger verzweifelt? Armer Lukas, vielleicht ist das alles zu viel für ihn.

»Ich komme so schnell wie möglich!«, verspreche ich.

»Ihren Mann habe ich auch bereits informiert.«

Wieder sitze ich dieser sauertöpfischen Person gegenüber, deren Halstücher heute in Rot, Fuchsia und Orange erstrahlen. Eine Farbkombination, die in den Augen brennt. Dabei möchte ich doch nur ganz schnell zu meinem Sohn: Es geht ihm schlecht, er ist verzweifelt, er braucht mich! Vorhin konnte ich ihn nur kurz umarmen, bevor ich zu einem Gespräch unter vier Augen gebeten wurde.

»Frau Baumann, wir machen uns ernsthaft Sorgen!«, betont sie und guckt gleich ganz elend, so Angela-Merkel-traurig.

»Was meinen Sie, was ich mir für Sorgen mache«, rufe ich. »Mein Junge steht da draußen und weint!«

»Gibt es bei Ihnen zu Hause Probleme?«, fährt sie fort.

»Einen ganzen Sack voll, aber …«

Sie springt gleich auf diese Vorlage an. »Welche Probleme wären das?«

»Die üblichen … neues Haus, Pubertät, zu viel Arbeit …«

»Aha. Das ist alles? Nichts, das gravierender wäre?«

»Ach was, nein. Es ist alles nur etwas viel zurzeit.«

Nun schaut Lukas' Klassenlehrerin so elend wie ein entflohenes Käfighuhn. Hat sie schon mal über eine Karriere als Beerdigungsrednerin nachgedacht?

»Viele Mütter sind ahnungslos, Frau Baumann. Könnte häusliche Gewalt in Ihrer Familie …?«

»Oh Gott, nein!«

»Sie sollten vielleicht darüber nachdenken, Hilfe in Anspruch zu nehmen. Professionelle Hilfe.«

Gern. Nur leider ist unser Problem nicht von dieser Welt. Wenn sie also einen guten Teufelsaustreiber kennt oder zufällig die Nummer der *Ghostbusters* zur Hand hat, dann werde ich keine Sekunde zögern, sie anzurufen. Danach bräuchte ich noch jemanden, der sich um diese Yvonne-Schlampe kümmert, vielleicht einen versierten Auftragskiller. Das wär's dann eigentlich auch schon – abgesehen von einem Schuldnerberater.

Ach halt, Kim und Dustin, die beiden hatte ich noch vergessen. Damit wir endlich wieder in Frieden leben können, müsste auch noch Amor mitspielen.

»Frau Blecher-Glöbusch, ich bin selbst Psychologin …«, versuche ich ihr meine Situation zu erklären.

»Dann sollten Sie doch eigentlich wissen, wie wertvoll professionelle Unterstützung sein kann«, fällt sie mir ins Wort und guckt gleich noch mal eine Stufe mitleidsvoller.

Wie ich das hasse, wenn mir jemand meinen Job erklären will. Sag doch gleich, dass ich komplett versage, zu Hause wie im Beruf. Und bei dieser Jammertrine will Lukas lieber sein als bei seinen Eltern? Das allerdings macht mir große Sorgen! Hoffentlich kehrt sich sein Frauentypus in den nächsten Jahren und Jahrzehnten noch zum Positiven. Falls er so eine später als Freundin anschleppt, wird er enterbt.

»Vielleicht sollte man das Jugendamt informieren …«, setzt sie ihr Klagelied fort.

»Wir kommen klar, Frau Blecher-Glöbusch. Wirklich!«

»Ich möchte nur Ihr Bestes!«, betont sie.

Schön. Und ich möchte sie mit ihren eigenen Halstüchern fesseln und knebeln, bevor sie uns das Jugendamt auf den Hals hetzen kann!

Zum Glück ist das Gespräch zu Ende, und ich kann meinen Jungen endlich dahin mitnehmen, wo er hingehört: nach Hause!

Unterwegs kaufen wir Cola und eine große Tüte Berliner, daheim koche ich Lukas eine Monstertasse Kakao. Dann hocken wir uns ins Wohnzimmer, wo ich ihn in den Arm nehme, und während er schon den zweiten Berliner in sich hineinstopft, spreche ich die leidige Sache endlich an.

»Was ist denn los?«

»Es ist nur, weil …«, mampft er. Aber dann fängt er auch schon wieder an zu weinen.

Ich nehme ihn tröstend in den Arm. »Ist schon gut, Lukas.«

»Mama, ihr dürft mich nicht allein lassen!«, flennt der Kleine.

»Das würden wir nie tun. Wie kommst du denn darauf?«

»Gustaf hat das gesagt. Er meinte, ihr lasst euch scheiden!«

Ich schaue ihn entsetzt an. »Das hat er behauptet?«

Lukas nickt mit marmeladenverschmierter Schnute.

Der Arme! Kein Wunder, dass er vollkommen verstört ist. Das muss ein Schock für ihn gewesen sein.

Endlich kommt auch Achim zurück. Die Haustür fällt ins Schloss, und er stürmt noch im Mantel ins Wohnzimmer. Er umarmt Lukas, danach nehme ich ihn bei der Hand und zerre ihn in den Flur.

Angst lähmt meine Stimme. Ich muss zweimal schlucken, bevor ich sprechen kann. Mir wird schwindlig vor Aufregung, das Herz schlägt mir bis zum Hals. Ich muss ihm diese eine Frage stellen. Aber will ich wirklich wissen, was gelaufen ist? Kann ich die Antwort ertragen?

»Achim«, frage ich. »Sag mir ehrlich: Hast du mit ihr …?«

»Was hab ich?«

Da muss er noch nachfragen? Meine Güte, was denkt er, worüber wir hier reden? Makramee oder Origami? Nein, übers Fremdgehen!

»Achim, bitte! *Das*. Mit Yvonne.«

»Bewahre, nein! Wir … wir waren zusammen essen, das war alles. Saskia, es ist nichts passiert. Ehrenwort!«

»Gott sei Dank!«, seufze ich erleichtert.

»Und du, hast du …?«, fragt er vorsichtig.

Ich schüttle den Kopf. »Nein, Achim. Das könnte ich nie tun!«

Okay, ich gebe zu, das ist die leicht gekürzte Version meines Fehltritts, aber für den Moment muss das reichen, für Details fehlt uns die Zeit. Ich frage auch nicht genauer nach, was mit Yvonne gelaufen ist – oder auch nicht. Ich weiß, dass ich ihn nie betrügen werde, mag die Situation noch so verführerisch sein. Meine Familie ist mir das Wichtigste im Leben.

Jetzt können wir unseren Sohn in die Arme nehmen und ihm, ohne rot zu werden, ein Versprechen geben. »Lukas, alles wird gut!«

Als Kim nach Hause kommt, setzt sie sich auf einen der Küchenstühle, verschränkt die Arme vor ihrem Körper und kneift die Lippen zusammen, schnauft einmal, guckt böse und schweigt. Ein Vulkan kurz vor der Explosion.

»Liebes, äh … wie war dein Tag?«, frage ich möglichst unverfänglich.

»Er sagt, es liegt an meinem Opa. Der ist so komisch, sagt er.«

Ich kann ihr gedanklich nicht ganz folgen. »Äh, Moment … *Wer* hat das gesagt? Und was für ein Opa?«

»Dustin sagt das, wer sonst«, wettert sie. »Ist doch wohl klar, wer Opa ist.«

Mir fällt vor Überraschung die Kinnlade herunter. »Dustin hat mit Gustaf gesprochen?«

»So sieht's aus«, mault sie.

»Und und und … er hat ihn nicht erkannt?«

»Nein. Er hat geglaubt, das wäre mein Großvater.«

»Wann denn? Wann ist das passiert?«

»Hm … Neulich …«, weicht Kim meiner Frage aus.

Sieh an, ihr neuer Freund war also bei ihr, ohne dass wir es wussten. Nicht schön. Aber das ist jetzt nicht wichtig, das klären wir später.

»Was *genau* hat er gesagt?«

Nun legt Kim richtig los. »Mama, er … er hat Dustin gefragt, ob er ein Waschlappen wäre. Und dann … er sagte, Dustin soll mich … er muss mich … Er hat ihm genau erklärt, wie man's macht.«

Ihr laufen die ersten Tränen über die Wangen.

»Wie man was macht?«

»Raffst du's nicht, Mama?«, heult Kim.

»Du meinst – *Sex*?«

Kim nickt, sie schlingt die Arme noch etwas enger um ihren Körper, drückt ihr Kinn nach unten und schnaubt. »Mama, ich will, dass er verschwindet.«

Ich kenne sie, wenn sie so wütend ist: Dagegen war der Dreißigjährige Krieg ein Zuckerschlecken.

Damit uns niemand belauschen kann, sind Achim und ich in den Garten hinausgegangen. Wir stehen am Zaun zur Pferdeweide.

»Er hat *was*?«, fragt Achim fassungslos.

»Ihm gesagt, er soll ein Mann sein und kein Waschlappen.«

»Und Dustin?«

»Was macht ein Junge in dem Alter wohl?«

»Hmm … Keine Ahnung.«

»Nichts. Er war total überfordert, hat gekniffen.«

»Sein Glück!«, brummt Achim.

»Wenn man ehrlich ist … Eigentlich war das sogar genau in deinem Sinne, was Gustaf getan hat. *Paradoxe Intervention* nennt man so was, Dustin hat vorhersehbar reagiert.«

»Na fein, soll ich mich etwa noch bei Gustaf bedanken?«, mosert er.

»Man fordert jemanden auf, das Falsche zu tun«, doziere ich unbeirrt weiter, »damit er merkt, wie unsinnig es ist, und dann lässt er es sein …«

»Egal«, fällt Achim mir ins Wort. »Ich dreh ihm trotzdem den Hals um!«

»Wem, Dustin?«

»Quatsch. Dustin ist ein feiner Kerl, ich mag ihn. Nee, Gustaf. Wir müssen den Typen loswerden, Saskia. Aber wie?«

Hinter dem Wald, jenseits des Ackers, blitzen die letzten Strahlen der Abendsonne hervor. Sobald sie untergegangen ist, beginnt wieder Gustafs Zeit.

»Schatz, ich weiß nicht, wie's dir geht«, sage ich. »Aber ich hab gerade tierisch Hunger auf Pizza!«

31.

»Eine Pizza Capricciosa bitte, aber ohne Artischocken, dafür mit Paprika und mehr Zwiebeln. Oder sind die Paprika eingelegt, aus dem Glas? Dann hätte ich doch lieber die Artischocken. Aber auf jeden Fall viele Zwiebeln.«

»Kim, bitte!«

Selbst wenn sie Essen bestellt, treibt sie mich in den Wahnsinn. Aber mit ihren Sonderwünschen hat sie mal wieder genau das bekommen, was sie wollte: eine Pizza Capricciosa mit knackig frischer Paprika und einem Berg Zwiebeln. Ich sitze vor einer Quattro Stagioni, und die Männer essen Pizza Salami.

Wir – Gustafs Feinde – sitzen zusammen an einem Tisch, und wir haben nur ein Ziel: ihn ins Jenseits zu befördern, aber dieses Mal ohne Rückfahrticket.

»Kann uns vielleicht der Pastor helfen?«, frage ich, bevor ich ins nächste Pizzastück beiße.

»Der erklärt uns glatt für wahnsinnig«, erwidert Achim und präzisiert: »*Alle* werden das tun, wen wir auch fragen.«

»Vielleicht müssen wir überall Kreuze aufhängen. Und Knoblauch. Wie bei einem Vampir«, schlägt Kim vor.

»Den Gestank ertrage ich nicht«, verkünde ich. »Eher ziehe ich aus. Hilft nicht auch Lavendel?«

»Oh Mama, das geht gar nicht! Glaubst du, eine Zombie-Apo-kalypse bekämpft man mit Duftsäckchen?«

Lavendel, Oleander, Jasmin! Ich hege kurz den Gedanken, Gustaf in Weichspüler zu ertränken, verwerfe ihn aber wieder.

»Es gibt doch immer einen Fluch, von dem man so ein Ge-spenst befreien muss«, überlegt mein Mann kauend. »Dann ver-schwindet es.«

»Was ist denn sein Fluch?«, fragt Kim.

»Keine Ahnung … Er säuft.«

»Wir müssen ihn nur noch mehr abfüllen«, meint mein Mann.

»Na, daran arbeitest du ja hart«, spotte ich. »Besser, wir schi-cken ihn zu den Anonymen Alkoholikern.«

Wir sind ins Gespräch vertieft und überbieten uns mit ver-rückten Vorschlägen, nur Lukas scheint mit den Gedanken ganz woanders zu sein. Er zieht ein Buch hervor und blättert darin herum.

»Lukas, bitte. Muss das jetzt sein? Leg das Buch weg.«

»Aber wieso? Hier steht doch drin, wie's geht.«

Er hält das Buch hoch: *Das Gespenst von Canterville* von Oscar Wilde.

Dreimal Messer und Gabel fliegen auf die Teller, drei Hände-paare grapschen nach dem Buch. »Gib her!«

Kim ist die Schnellste, wer sonst. Sie schnappt sich das Buch und fängt auf der Stelle an zu blättern.

»Lukas, wenn das stimmt, bist du ein Genie!«, rufe ich.

Endlich ist Kim an der passenden Stelle angelangt und über-fliegt den Text. »Hier steht's! Also, hm … na ja …«, murmelt sie unsicher.

196

»Was denn?«

»Eine unschuldige, junge Frau muss in der Schlosskapelle für das Gespenst beten ...«

Kim schaut hoch. »Was ist?«, fragt sie irritiert.

Wir starren sie an und schweigen erwartungsvoll.

Sie klappt das Buch zu. »Schon gut, ich mach's!«

Achim schiebt die alte Flügeltür auf, die in den Scharnieren ächzt. Der Boden ist fingerdick mit Sand und Staub bedeckt, leere Zementsäcke liegen herum, auf einem der beiden Stellplätze rostet altes Ackergerät vor sich hin, eine Egge oder ein Pflug.

»Das soll eine Kirche sein?«, fragt Kim misstrauisch.

»Burgkapelle«, korrigiert Achim sie.

»Für mich ist das eine ganz normale Scheune«, murmle ich.

»Ich hab mir den Raum genau angeschaut«, erklärt Achim. »Für die Garage. Da oben, schau mal ...«

Mit der Taschenlampe seines Handys leuchtet er hoch in den Giebel der Remise. Tatsächlich. Auf einem kleinen, runden Fenster befindet sich eine alte Glasmalerei, Gottvater schaut gütig auf uns herab.

»Wenn das hier ein heiliges Gebäude ist, dann hat Gustaf doch keinen Zutritt, oder?«, frage ich.

»Möglich«, überlegt Achim. »Das heißt, wenn alles schiefgeht, können wir immer noch hier einziehen.«

Kim steht ratlos mitten in der Scheune. »Und was muss ich jetzt machen?«

»Weiß auch nicht«, sage ich. »Fang halt an.«

»Aber wie denn, Mama? Was muss ich sagen? Gibt's da 'ne Vorschrift?«

Gute Frage. Beten – wie ging das noch mal? Auch für mich ist es lange her. Ich versuche mich an meine eigene Konfirmation zu erinnern, aber mir fällt nur ein, was ich zu diesem Anlass geschenkt bekommen habe: viel, viel Bargeld für mein erstes eigenes Sofa.

»Du könntest dich hinknien, zum Beispiel«, schlage ich vor.

Kim wühlt mit ihrem Fuß in der dicken Staubschicht herum, die den Boden bedeckt, und stöhnt angewidert auf.

Daraufhin legt Achim seine Jacke vor sie auf den Boden, auf der sie niederkniet. Ich stelle rechts und links von ihr zwei Teelichter auf und zünde sie an. Ein wenig feierlich sollte es schon sein, finde ich.

Lukas zupft an meinem Ärmel. »Mama, wieso ist Kim denn unschuldig?«

»Das sagt man so. Das ist mehr so übertragen gemeint.«

»Aber Mama, sie kann eine ganz schöne Ziege sein!«

»Ich weiß …«

»Mach du's doch, kleiner Bruder«, mosert Kim.

»Muss aber 'ne Frau sein«, betone ich.

Achim murmelt: »Mit der Gleichberechtigung hatte man's im Mittelalter nicht so.«

Kim kniet nieder, faltet die Hände und schaut zu dem runden Glasfenster empor. Auf einmal wirkt sie lieb und unschuldig wie eine Madonna und gar nicht mehr wie eine rotzige Teenagergöre.

»Lieber Gott …«, beginnt sie. »Bitte vergib Gustaf, auch wenn er gemein ist und uns ärgert. Schaff ihn uns von der Backe, aber schnell. Er nervt!«

»Der Fluch …«, flüstere ich ihr ins Ohr.

»Ach ja, Gott, und erlöse ihn von seinem komischen Fluch. Ich weiß zwar nicht, was für einer, aber mach's einfach, ja? Danke, Amen.«

Alle stimmen ein: »Amen.«

Unsicher schaut Kim zu uns auf. »War's das?«

»Fast«, sagt Achim und grinst übers ganze Gesicht. »Jetzt kommen noch drei Ave Maria, fünf Vaterunser und zehn Liegestütze.«

Kim springt auf und klopft sich den Dreck von der Jeans. »Dann putz hier erst mal, Papa!«

»Ich wüsste nicht, was wir noch tun könnten.« Achim zuckt die Schultern. »Warten wir ab, was passiert.«

Alle wirken nachdenklich, als wir nacheinander aus der Remise trotten, sogar Lukas. Achim schließt hinter uns die Flügel der großen Holztür.

Ist Gustaf jetzt erlöst – und wir von ihm?

Für meinen Geschmack lief das Ganze zu unspektakulär ab. Gott hätte uns zur Bestätigung ruhig ein Zeichen geben können: einen Blitz, der niederfährt, ein Donnergrollen oder einen Sturm, irgendwie so was. Vielleicht hätten wir auch noch mehr Equipment mitbringen müssen: eine Bibel, ein Kreuz oder diese kleine Gebetskette. Aber wer besitzt so was heutzutage noch? Im *Gespenst von Canterville* stand davon zwar nichts geschrieben, aber auch nichts von Achims Jacke, Zementsäcken und einer rostigen Egge.

In dieser Nacht klirren keine Flaschen im Keller, niemand ruft »Heja« oder stromert durchs Haus. Gegen zwei Uhr tue ich so, als müsste ich aufs Klo, aber in Wahrheit bin ich nur neugierig:

Ich schaue nach, ob jemand den Kühlschrank plündert oder im Wohnzimmer fernsieht. Doch alles ist ruhig, alle schlafen.

Und schon habe ich wieder ein schlechtes Gewissen.

War das, was wir getan haben, richtig? Schließlich haben wir Gustaf ungefragt ins Jenseits befördert. Erlösung hin oder her – so was gehört sich doch nicht. War das nicht fast schon Mord? Und manchmal war es doch auch ganz lustig mit ihm.

Lukas mümmelt am nächsten Morgen traurig an seinem Toastbrot. »Mama, was meinst du: Kommt Gustaf denn nie mehr wieder?«

Es klingt, als würde er ihn jetzt schon vermissen. Wer weiß, vielleicht hätten wir nur mehr mit Gustaf reden müssen oder ihn zumindest darauf vorbereiten sollen, was mit ihm geschieht. Aber wer wird sich denn beschweren, wenn er erlöst wird.

Nachmittags kaufe ich im Dorf einen großen Blumenstrauß und lege ihn an Gustafs Grabstein nieder. Für alle Fälle. Müsste man nicht irgendworan erkennen können, wenn er nun endgültig in die Grube gefahren wäre? Doch am Grab hat sich nichts verändert, der Boden sieht unberührt aus wie eh und je. Ich bleibe skeptisch.

Als ich mich im Garten umschaue, stelle ich verwundert fest, wie der Herbst vorangeschritten ist. Das Laub hat sich verfärbt, einige Blätter sind schon von den Bäumen gefallen. Statt das Leergut dieses Säufers wegzuräumen, könnte ich mich nun um Haus und Garten kümmern, alles winterfest machen. Und die Fenster, die müssten ganz dringend geputzt werden. Sie sind fast schon blind.

Ach, ich freue mich auf die Zukunft in unserem neuen Haus. Wir könnten Freunde einladen, eine Einweihungsparty feiern, und im nächsten Sommer will Achim bestimmt grillen. Endlich können wir das Leben einer ganz normalen Familie führen.

Ohne Gespenst. Herrlich!

32.

Als ich ins Schwesternzimmer komme, hantiert Chiara Pütz gerade ungeschickt mit dem Blutdruckmessgerät herum und versucht es zu entwirren. Ich werde ihr dabei bestimmt nicht helfen, denn wenn sie nicht mal das allein hinbekommt, dann sollte sie sich wirklich besser ein buntes Hütchen aufsetzen und hinterm Tresen Burger verkaufen.

Bevor ich mir meinen Morgenkaffee nehmen kann, fängt mich Schwester Regine ab. »Gut, dass Sie endlich da sind. Frau Nettekoven auf Zimmer 328, Dr. Sittler ist bereits bei ihr ...«

Ich lasse die Tasse stehen und renne ihr hinterher. So leise wie möglich schleichen wir uns ins Krankenzimmer und begrüßen mit einem unauffälligen Nicken Carsten, der bereits am Bett der alten Dame sitzt. Er hält ihre Hand.

Wir stellen uns schräg hinter das Bett, sodass Frau Nettekoven uns nicht sehen kann.

»Ach, Friedrich«, seufzt die Alte schwach. »Ich liebe dich, auch wenn du nur ein einfacher Staubsaugervertreter bist. Für mich bist du ein Engel!«

Carsten schaut kurz irritiert zu mir herüber. Oje, ob es jemals einen Hohenzollernprinzen gegeben hat, der als Staubsaugervertreter unterwegs war? Andernfalls hätte ich ihm etwas zu erklären.

202

»Und du bist für mich die schönste Frau der Welt«, beteuert Carsten und streichelt ihre faltige Hand.

Frau Nettekoven lächelt beseelt, ihre Augen glänzen vor Glück. »Liebst du mich denn auch ein bisschen?«, fragt sie.

Schwester Regine und ich halten beide die Luft an. Was wird Carsten antworten?

»Los, Doc, nur noch einmal flunkern«, wispert Schwester Regine.

»Friedrich, das tust du doch?«, fragt Frau Nettekoven ein weiteres Mal.

»Natürlich liebe ich dich«, flüstert Carsten endlich und streicht ihr zärtlich über die Wange. Und dann beugt er sich zu ihr vor und kommt ihr nah, ganz nah, bis er sie schließlich …

Hab ich das richtig gesehen, er hat sie gerade …? Wow!

Frau Nettekoven gluckst wie ein verliebter Teenager und strahlt ihren Geliebten glücklich an. Sie atmet tief ein und wieder aus, ehe sie ihre Augen schließt. Für immer.

»Er hat sie wirklich geküsst?«

»Auf den Mund?«

»Aber wenn ich es euch doch sage!«, schnieft Schwester Regine und zückt ein Taschentuch.

Die anderen Schwestern schwärmen:

»Ich liebe ihn …«

»Wundervoll …«

»Was für ein Mann …«

»Ach, dafür würde ich auch sterben!«

Schwester Regine tupft sich die Tränen aus dem Gesicht, dann schnäuzt sie sich herzhaft. »Glaubt mir, so etwas Rührendes habe ich in dreißig Dienstjahren noch nicht gesehen!«

Mir geht es genauso. Es war einer der bewegendsten, aber zugleich auch traurigsten Momente, die ich je erlebt habe.

Ich begleite Carsten zum Schwesternzimmer, damit wir uns dort einen Kaffee holen. Den kann ich jetzt gebrauchen.

»Entschuldige meine kleine Lüge«, sage ich.

»Welche denn?«

»Na, die mit den Hohenzollern.«

»Ach so, kein Problem, die habe ich dir sowieso nicht abgekauft.«

Schwester Chiara kommt ins Zimmer, sie trippelt an uns vorbei und legt das Blutdruckmessgerät ab, bevor sie die Patientenblätter durchsucht. Sie wirkt verunsichert.

»Chiara, können wir dir helfen?«, frage ich.

»Ja, da fehlt ein Blatt …«

»Welches?«

»Na, von der Frau auf Zimmer 328 …«

Entsetzt sehen Carsten und ich uns an. »Von Frau Nettekoven?«, frage ich.

Carsten ergänzt fassungslos: »Du hast ihr den Blutdruck gemessen?«

»Ja, wieso? Der Blutdruck war in Ordnung, nur der Puls war so schwach. Den konnte ich einfach nicht fühlen.«

»Chiara«, sage ich. »Selbstverständlich hatte die Patientin keinen Puls mehr …«

»Wieso?«

»Chiara, die Patientin ist tot!«

»Ach so, und ich dachte schon, das wäre mein Fehler«, kichert sie.

204

So laut hat noch kein Arzt auf dieser Station eine Schwester angeschrien. Carsten wäscht ihr derart gründlich den Kopf, dass Chiara schließlich nur noch wie ein Häufchen Elend dasteht und weint. Der Doc stürmt danach fluchend und schimpfend aus dem Schwesternzimmer.

»Frau Baumann, das ist gemein …«, winselt das Marzipanschweinchen. »Ich tue doch nur mein Bestes …«

»Das weiß ich, Chiara. Aber hast du schon mal über einen anderen Job nachgedacht? Vielleicht in der Pathologie?«

33.

Draußen zwitschern bereits die Vögel, die Sonne geht auf. Eine weitere Nacht ohne Gespenst. Halleluja!

Nanu, was stupst mich denn da an, was regt sich da bei Achim? Er hat sich im Schlaf an mich geschmiegt und umarmt mich fest. Wir haben schon lange nicht mehr so schön in Löffelchenstellung beieinandergelegen. Aber Achim schläft noch tief und fest, ich will ihn nicht wecken, also genieße ich es einfach, so wach zu werden, seinen leisen Atem im Ohr zu hören. Ich halte seinen Arm fest, und bis der Wecker klingelt, kuschle ich mich noch ein bisschen enger an ihn.

In der Mittagspause bin ich mit Carsten verabredet. Wir treffen uns in der Krankenhaus-Cafeteria. Der Kaffee, den es dort am Automaten gibt, ätzt einem zwar die Magenschleimhaut weg, aber was soll's? Dafür sitzt man dort sehr schön.

Mein Büro erschien mir für unser Gespräch zu offiziell, und um die Wäschekammer sollten wir beide wohl zukünftig einen großen Bogen machen.

»Carsten, ich kann immer noch nicht fassen, dass du sie wirklich geküsst hast!«

»War das *too much*?«, fragt Carsten unsicher.

»Im Gegenteil! Es war unbeschreiblich, so romantisch! Ich werde nie vergessen, wie glücklich du Frau Nettekoven gemacht hast.«

»Hm, schön«, erwidert Carsten lapidar. Anscheinend ist ihm die Angelegenheit doch ein wenig peinlich.

»Die Schwestern auf der Station himmeln dich an!«

Carsten lächelt erst geschmeichelt, aber dann meint er nur resignierend: »Und wenn schon …«

»Deine Freundin … Wie heißt sie?«

»Miriam.«

»Du vermisst sie?«

Sein Blick wird traurig. »Hm … Kann schon sein …«

»Keine Chance mehr?«

»Keine Ahnung …«

Der Doc leidet, so viel ist klar. Aber wie kann ich helfen? Soll ich mich da einmischen, ist das meine Aufgabe, oder verletze ich ihn damit nur noch mehr? Ich wage es.

»Vielleicht erzählst du Miriam einfach, was passiert ist«, schlage ich vor.

»Was? Dass ich eine alte Frau totgeküsst habe?«

»Na, eher von Friedrich, dass sie ihr Leben lang auf ihn gewartet hat und wie sehr dich das beeindruckt hat. Ewige Liebe und so, du weißt schon. Da stehen Frauen unheimlich drauf, ehrlich.«

»Aha.« Carsten wirkt nicht sehr überzeugt.

»Soll ich's dir zur Sicherheit aufschreiben?«

»Danke, ich krieg das schon hin.«

»Und die Blumen nicht vergessen«, ergänze ich.

Carsten zieht seine Augenbrauen hoch und sieht mich mit seinen melancholischen braunen Teddybäraugen an. »Blumen,

Saskia? Blumen? Ich glaube, darum geht's nicht. Miriam – sie will meine Eier auf einem verdammten Silbertablett.«

»Oh, so schlimm? Das wusste ich nicht …«

»Doch, so sieht's aus«, sagt er und seufzt. »Aber das Risiko muss ich wohl eingehen.«

Das nennt man wahre Liebe!

Kim schwebt geradezu durch den Hausflur, als sie von der Schule heimkommt. Sie sagt kein Wort und grüßt nicht, zieht nicht mal die Jacke aus, sondern fliegt gleich weiter in ihr Zimmer. Dann kommt sie aber auch schon wieder hinunter, geht zu mir ins Wohnzimmer, stellt sich hinter mich und umarmt mich. Nanu, was hat das jetzt zu bedeuten?

»Kim?«, frage ich verwundert.

»Nichts, Mama!«

»Aha …«

»Hab mit Dustin gesprochen.«

»Und?«

»Er hat gesagt, ihm ging das auch zu schnell.«

»Ach Liebes! Will er nicht mehr?«

»Doooch«, schwärmt sie, »aber er meinte, wir sollen warten.«

»Wieso, womit will er warten?«

»Na ja, du weißt schon, dieses … dieses Gustaf-Ding. Damit!«

»Das heißt, ihr zwei beiden, ihr seid …«

»Wir sind wieder zusammen!«

»Das ist doch toll, Wahnsinn! Ich freu mich für euch, Glückwunsch!«

Also ging es dem Knaben doch zu schnell. Hut ab, das zeugt von Größe. Mir scheint, Kim ist bei ihm in guten Händen. Aber

208

ich wette: Nicht mehr lange und wir verhandeln ums Übernachten!

Achim schläft neben mir tief und fest, während ich auf das Käuzchen lausche, dessen Schreie von draußen in unser Schlafzimmer dringen.

So fühlt es sich an, wenn man angekommen ist. Auf einmal stimmt alles wieder in unserem Leben. Wir haben reizende Kinder und ein wunderbares Haus, unser Töchterchen ist bis über beide Ohren verliebt. Von uns muss keiner mehr aufs Sofa ausweichen, und wenn endgültig wieder Ruhe eingekehrt ist, dann werden Achim und ich uns bestimmt auch aussprechen wegen dieser Yvonne. Gemeinsam haben wir schon ganz andere Sachen überstanden, da werden wir das auch noch hinbekommen.

Es ist so einfach, glücklich zu sein!

Kims Gebet muss Gustaf von seinem Fluch erlöst haben. Nach vierhundert Jahren hat er endlich seinen Frieden gefunden. Vielleicht sollten wir sein Grab schön herrichten, es mit Steinen einfrieden, den Grabstein sanieren und Blümchen pflanzen. Oder wir lassen ihn in die Gruft der Dorfkirche umbetten, an die Seite seiner Adelheid-Maria. Das hätte er trotz allem verdient.

Gerade will ich mich zur Seite drehen und mich tief in mein Kissen kuscheln, da fliegt die Tür auf, eine blasse Gestalt springt grölend ins Zimmer.

»Überrassung!«

34.

Familie Baumann hat sich vollzählig im Wohnzimmer versammelt. Vor uns lümmelt sich Gustaf zufrieden auf dem Sofa. Er hält Achim eine Bierflasche hin. »Auch eins?«

»Danke«, lehnt Achim knapp ab.

»Gut, dann nicht …«

Gustaf verkantet die Flaschen gegeneinander und öffnet sie mit einem satten Ploppen, dann lehnt er sich zurück, schlägt die Beine übereinander und trinkt genüsslich. »Ah, lecker!«

Er rülpst laut.

»Ich fasse es nicht! Ich dachte wirklich, wir wären ihn los!«, zische ich.

Gustaf lächelt triumphierend. »Tja, sso kann das gehen.«

»Aber wieso? Was haben wir falsch gemacht?«

»Wer weiß, vielleicht ist unssere kleine Kim gar keine Jungfrau mehr«, verkündet Gustaf und schmunzelt.

Ich schaue Kim vorwurfsvoll an. »Kim, ist das wahr, stimmt das? Ich dachte, wir reden über alles!«

Kim verdreht genervt die Augen. »Oh nee … Das ist ja wohl megapeinlich!«

»Kiiim?«, bohre ich weiter.

Kims Gesicht läuft vor Scham rot an. »Mama, nein!«

»Hihi, reingefallen.« Gustaf kichert vergnügt.

»Kim, bitte entschuldige«, murmle ich kleinlaut.

»Hm … Vielleicht war das doch nicht die Burgkapelle …«, überlegt Achim.

»Doch, doch …«, erwidert Gustaf.

»Was dann?« Achim kratzt sich nachdenklich am Kinn.

»Wir haben es so gemacht, wie es in dem Buch steht«, kräht Lukas.

Gustaf genehmigt sich wieder einen großen Schluck aus der Bierpulle, ehe er sich zu einer Antwort herablässt. »Ja, herrlich, was für ein Quatsch in sso einem alten Schinken steht.«

»Aha. Er hat uns also gelinkt!«, stellt Achim nüchtern fest.

»Ja, sso kann man das ssagen.«

Lukas zieht einen Flunsch und schiebt enttäuscht die Unterlippe vor. »Aber – ich dachte, du wärst mein Freund!«

»Gustaf, wieso tust du das?«, fragt Achim.

Ich antworte anstelle des alten Schweden. »Weil er es kann!«

Triumphierend hebt Gustaf die Bierflasche. »Sso ssieht's aus. *Skål!* Auf unssere gemeinssame Zukunft!«

Mit diesem hinterhältigen Bastard soll ich noch länger unter einem Dach leben? Nein, das verkrafte ich nicht. Mir platzt der Kragen. »Du Scheißkerl, weißt du überhaupt, was du uns antust? Das ist der pure Terror! Ich hasse dich!«

Gustaf beugt sich zu mir vor und sieht mich an, als wäre er der gutmütigste Mensch der Welt, als könnte er kein Wässerchen trüben. »Aber Saskia, du weißt doch, es gibt gar keine Gespenster, ssie ssind nur eine Ausdruck von die Unbewussten.«

Hab ich das gerade richtig verstanden? Ausdruck des Unbewussten? Es sind meine eigenen Worte, die er da zitiert, genau

211

so erklärt die Psychologie übersinnliche Phänomene. Unfassbar! Gustaf, der alte Schwede aus dem Dreißigjährigen Krieg – er schlägt mich mit meinen eigenen Waffen, denen der Psychoanalyse. Das ist nicht fair, das gilt nicht!

Wutentbrannt kann ich nur noch einen Satz hervorstoßen. »Ich bring dich um!«

Doch Gustaf hat nur ein hämisches Lächeln für mich übrig. »Leider kommst du da vierhundert Jahre ssu spät.«

Ist mir egal. Ich werde ihn ins Jenseits befördern, irgendwie. Und wenn es das Letzte ist, was ich tue!

35.

Achim und ich marschieren einen der Feldwege hinter unserem Haus entlang. Ich muss mich bewegen, um mich abzureagieren.

Mein Mann ist mindestens genauso wütend wie ich.

»Drecksschwede …«, flucht er die ganze Zeit über vor sich hin. »Was für ein Kotzbrocken. Ich bring ihn um!« So kenne ich ihn gar nicht.

Es muss doch eine Möglichkeit geben, Gustaf loszuwerden.

»Wir könnten den Keller ausräuchern oder ihn fluten, bis er darin absäuft«, schlage ich vor. »Oder … Du, ich ruf im Vatikan an, die kennen sich doch aus mit Exorzismus!«

»Gute Idee!«, meint Achim. »Am besten lässt du dich gleich mit dem Papst verbinden!«

»Krieg ich hin!«

»Schön, Schatz. Vielleicht hat er ja morgen Abend noch nichts vor, der Franziskus.«

»Na gut, dann … dann engagieren wir eben einen Geisterbeschwörer. So einen Heiler, einen Schamanen.«

»Das ist doch verrückt, Saskia, das glaubst du doch selbst nicht.«

»Was ist daran denn verrückter als die Idee aus dem *Canterville*-Buch? Ich habe auch nicht an Geister geglaubt. Und was ist?

Eines hockt bei uns im Keller. Wenn es Geister gibt, gibt's auch Geisterbeschwörer. So wie in *Ghostbusters*.«

»Hast du den Film jemals gesehen? Danach lag halb New York in Trümmern.«

»Und wenn schon. Das ist es wert!«, knurre ich und stapfe ihm voraus auf dem Feldweg nach Hause.

Expertinnen für Reiki und energetisches Heilen gibt's heutzutage wie Sand am Meer, auch Chakrenreinigung, Shiatsu und Aurasehen sind immer noch schwer angesagt. Zumindest im Internet. Aber jemanden zu finden, der ganz schnöde Geister vertreibt, ist gar nicht so einfach. Jedenfalls bin ich auf meiner Suche schon auf allen möglichen Esoterik-Seiten eher zweifelhaften Inhalts gelandet.

www.shiatsu-lanzenkoetter.de
www.der-buddha-in-mir.de
www.fusspflege-nach-mondkalender.de
www.die-chakren-von-koelle-sind-joot.de

Doch endlich stoße ich auf die Homepage einer Schamanin:

Mein Name ist Agira, was so viel heißt wie: Gottes heiliger Zorn. Ich stamme aus einem armenischen Dorf am Fuße des Ararat, dem heiligen Berg aus dem Alten Testament. In meinem Volk wird spirituelles Wissen seit Generationen weitergegeben.

Als ich zwölf Jahre alt war, hat meine Großmutter angefangen, mich in die Kunst und das geheime Wissen des Scha-

manismus einzuweihen, ich bin erfahren in der Arbeit mit
Dämonen, bändige ihre Kräfte und vertreibe böse Geister.

Zugegeben, auf den Fotos, die sie hochgeladen hat, sieht sie aus
wie eine abgehalfterte Ex-Nutte, die auf dem Mittelaltermarkt
mit selbst genähtem Lederkäppi auf dem Kopf bunte Steine
verkauft. Aber das ist mir ausnahmsweise mal egal. Laut ihrer
Homepage macht sie genau das, was wir brauchen: Geister vertreiben!

Mit ihren dick nachgemalten Augenbrauen hat Gottes heiliger
Zorn uns gegenüber im Wohnzimmer Platz genommen und hält
verkrampft ihre Teetasse fest. Sie wirkt unsicher, so als wären wir
ihre ersten Klienten, die den Wunsch haben, einen Geist loszuwerden.

»Beschreiben Sie Ihren Dämon«, fordert sie uns auf.

»Nun, Gustaf ist Schwede, er ist männlich, vierhundert Jahre
alt und trägt Hut und Spitzbart.«

Mit so einer lebensnahen Beschreibung hatte die Schamanin
wohl nicht gerechnet. Sie muss einmal schlucken, bevor sie wei-
terspricht: »Ich dachte – eher so emotional. Verspüren Sie einen
Druck, wenn er …?«

»Ich verspür den Druck, ihm den Hals umzudrehen«, knurrt
Achim.

»Wissen Sie, es ist so«, beginne ich. »Er säuft, schaut Pornos …«

»Terrorisiert unsere Kinder …«, ergänzt Achim.

»Hört laute Musik …«

»Kommt heimlich in unser Schlafzimmer …«

»Ach ja, er fährt Auto wie ein Henker.«

»Schade um den Benz. Geile Karre.«

»Und das alles natürlich nur nachts.«

Während Agiras Kinnlade weiter und weiter herabsackt, fliegt ihr Kopf hin und her, als sie uns abwechselnd anschaut. »Sie meinen, es handelt sich um einen – *echten Menschen*?«, fragt sie staunend.

»Na ja, tot halt«, sagt Achim nickend. »Aber sonst … «

»Gustaf ist ein richtig mieser Chauvi«, erkläre ich abschließend. »Reicht Ihnen das?«

Es ist bereits dunkel, als wir mit der Zeremonie zur Geisteraustreibung beginnen. Dafür kniet Agira mit ihrer Trommel mitten im Flur, wobei sie in jeder Ecke des Raumes ein Öllicht aufgestellt hat. Während wir ihr von der Wohnzimmertür aus zusehen, beginnt sie rhythmisch zu trommeln und singt in einer fremden Sprache.

Achim schaut mich zweifelnd an. »Ist das Schwedisch? Versteht Gustaf das?«

»Kostet ja nur neunzig Euro«, flüstere ich ihm ins Ohr. »Geradezu ein Schnäppchen im Vergleich zum Schlüsseldienst!«

Nun steht sie auf und beginnt wie ein Voodoopriester zu tanzen, erst in einem kleinen Kreis, dann bewegt sie sich zu den Öllichtern in die Ecken des Raumes. Allmählich frage ich mich, wie sie aus dieser Nummer wieder herauskommen will. Da muss doch irgendein spektakuläres Finale kommen. Schließlich haben wir noch keinen Pfennig gezahlt, da sollte sie uns schon was bieten fürs Geld. Vielleicht könnte der Geist die Kerzen aushauchen, bevor er verschwindet. Oder sie verfällt auf dem Höhepunkt der Ekstase in eine katatonische Starre. So was in der Art.

Aber tanzen kann sie echt gut, das muss man ihr lassen. Elegant schreitet sie über den Steinboden, dreht sich mit ungeahnter Leichtigkeit. Dabei trommelt sie immer weiter. Tatsächlich öffnet sich, während die Schamanin gerade in der gegenüberliegenden Ecke unseres Flurs herumwirbelt, knarzend die Kellertür. Gustaf kommt hervor, reckt und streckt sich gähnend, dann geht er in die andere Ecke und öffnet dabei schon mal die Hose. Die Schamanin fährt herum, erblickt Gustaf, der an seinem Hosenschlitz herumfummelt, lässt vor Schreck die Trommel fallen und erstarrt.

»Oh nein«, stöhnt Achim. »Das tut er nicht!«

Im dritten Anlauf trifft sein schmaler Strahl das Öllicht, das mit einem Zischen erlischt. Dazu zieht Gustaf hörbar den Rotz hoch und spuckt einmal in die Ecke. Das war's dann wohl mit der Showeinlage.

Mit einem lauten Schrei rennt Agira aus dem Haus und lässt alles zurück, die Trommel und die Öllichter. Immerhin müssen wir keine neunzig Euro zahlen, aber den widerlichen Zausel sind wir trotzdem nicht los.

Achim und ich fluchen leise. Im Umdrehen zieht Gustaf die Hose hoch, dann schaut er uns fragend an. »Was? Das Getrommel war doch unerträglich!«

Ich liege hellwach im Bett und zermartere mir mal wieder das Hirn über die nächste Niederlage, die wir verkraften müssen. Gibt es denn nichts, wovor so ein Wikinger sich fürchtet? Wotan vielleicht, oder dass der Himmel ihm auf den Kopf fallen möge.

Wie war das bei anderen Skandinaviern? Agnetha von ABBA hatte Angst vorm Fliegen. Sonst fällt mir nur der aus dem Comic ein: *Hägar der Schreckliche*. Der hatte doch … Der fürchtete doch … Wenn wir ihn damit packen? Genau, das müsste seine Schwachstelle sein. Schließlich gibt es einen Grund, weshalb er bei uns herumspukt.

Ich schaue auf den Wecker, es ist kurz vor zwölf. Es könnte gerade noch klappen. Ich wecke meinen Mann. »Achim, Achim, wach auf.«

»Hm, was ist?«

»Ich habe eine Idee!«

Frauensolidarität ist das Einzige, was uns noch retten kann!

Kim und ihr Vater stellen den Tisch, den sie vom Wohnhaus herübergetragen haben, in die Mitte der Remise. Ich schiebe die Stühle heran. Wir haben alle Kerzenständer zusammengetragen, die wir haben. Auf dem Fenstersims und auf dem Boden funkeln und flackern jetzt Dutzende Teelichter. Sieht eigentlich ganz romantisch aus, so könnte ich mir auch einen schönen Abend zu zweit vorstellen mit sanfter Musik, einer Flasche Wein, einer netten Massage …

Aber darum geht's jetzt nicht.

Wir setzen uns – Kim und Lukas nehmen rechts und links Platz, Achim mir gegenüber.

»So«, sage ich. »Hände auf den Tisch, Handflächen nach unten.« Ich mache es vor, die anderen folgen.

»Und dann?«, fragt Kim.

»Unsere Hände müssen sich berühren, immer am kleinen Finger. Ja, genau so. Wie eine Kette …«

»Warum?«, will mein neugieriger Sohn wissen.

»Damit die Energie fließen kann.«

»Was für Energie?«

»Das ist wie bei einem Stromkreis, es darf keine Unterbrechung geben.«

»Krieg ich dann eine gewischt?«, fragt Lukas ängstlich.

»Genau, Lukas«, kichert Kim. »Wir setzen dir eine Glühbirne auf den Kopf, und die leuchtet dann.«

Ich habe noch nie eine Séance durchgeführt, dies hier ist auch für mich das erste Mal. Und ich habe keine Ahnung, was geschehen wird. Vielleicht hebt der Tisch sich vom Boden, oder wir hören Stimmen. Aber wahrscheinlich wird gar nichts passieren.

Mir widerstrebt es auch zutiefst, dies zu tun. Die Psychologin in mir lehnt diese Dinge eigentlich ab. Séancen und Geisterbeschwörungen – das ist Hokuspokus, Mummenschanz, Spökenkiekerei. Genauso gut könnten wir auf AstroTV Heilsteine bestellen oder uns mit Tarotkarten die Zukunft legen lassen. So was kann doch niemand ernst nehmen. Aber wenn's hilft, uns von Gustaf zu befreien?

»So, alle die Augen zu!«, befehle ich.

Ich schließe selbst die Augen. Dann blinzle ich noch mal zur Kontrolle, ob auch alle anderen die Lider geschlossen haben.

»Kim!«

»Schon gut …«, murrt sie.

Feierlich erhebe ich das Wort: »Adelheid-Maria, Freifrau zu Rotthoven, komm zu uns …«

»Und weshalb holen wir ausgerechnet die?«, fragt Lukas.

»Ein Wikinger hat vor nichts Angst, nur vor seiner Frau«, erkläre ich und blinzle erneut in die Runde, doch meine Familie

219

hat tatsächlich alle Augen geschlossen. »Das war so schon bei Hägar dem Schrecklichen.«

»Wer ist das?«, will Lukas wissen.

»Egal. Niemand hat einen Mann so gut im Griff wie seine Ehefrau.«

»Hört auf eure Mutter«, seufzt Achim.

Kim kichert leise.

»Schschsch«, zische ich. Ich höre, wie alle noch mal ihren Stuhl zurechtrücken. Die Séance kann beginnen.

»Adelheid-Maria, Freifrau zu Rotthoven, komm zu uns …«, beschwöre ich das Jenseits.

Tatsächlich scheint der Tisch schon leicht zu vibrieren.

»Sind das schon die Gespenster?« Achims Stimme klingt nervös.

»Das ist Lukas, der tritt dagegen«, gluckst Kim.

»Lukas, bitte!«, schimpfe ich, bevor ich fortfahre: »Adelheid-Maria, Freifrau zu Rotthoven, komm zu uns …«

»Aber schnell, ich muss mal«, nörgelt Kim.

»Adelheid-Maria …«, wiederhole ich mantramäßig meinen Spruch.

»Kann denn die Freifrau auch Playstation spielen?«, fragt neben mir mein Sohn neugierig. »So wie Gustaf?«

Schon habe ich die Augen wieder aufgeschlagen. »Och, Kinder, bitte!«, flehe ich.

Achim übernimmt. »Adelheid-Maria, Freifrau zu Rotthoven, komm zu uns. Aber zackig, denn Kim muss aufs Klo und Lukas will FIFA zocken …«

Wie spannend! Ich wusste gar nicht, dass man am kleinen Finger so sehr schwitzen kann. Meine Hände schwimmen all-

220

mählich in eigenen kleinen Pfützen. Woher kommt diese Hitze? Liegt das an den vielen Kerzen, oder funktioniert diese Geisterbeschwörungsgeschichte etwa?

Halt, bewegt sich tatsächlich der ganze Tisch?

»Mama, was ist das? Das ist nicht normal.« Kim hört sich ganz piepsig an.

»Boah«, ruft Lukas. »Ich bin das nicht!«

»Augen zu!«, befehle ich, dann spreche ich einfach weiter: »Adelheid-Maria, Gustafs Ehefrau, komm zu uns …«

Der Tisch rüttelt immer stärker.

»Weiter, nicht aufhören«, beschwöre ich meine Familie.

Meine Hände glühen so heiß, als würde ich die Heizung anfassen, und ich kann den Tisch kaum mehr bändigen. Ich habe Angst. Was geschieht hier, welche Mächte haben wir gerufen? Wo soll das alles enden?

»Adelheid-Maria, Gustafs Ehefrau …«, rattere ich weiter meine Litanei herunter.

Kim weint beinahe schon vor Verzweiflung. »Mama, Hilfe!«

»Freifrau zu Rotthoven, wo bist du?«, schreie ich.

»Verdammte Scheiße«, ruft Achim panisch.

Auf einmal knallt der Tisch auf den Boden und rührt sich nicht mehr. Alles ist still.

Ich nehme die Hände hoch und öffne vorsichtig die Augen.

»Lukas … Kim … Alles in Ordnung?«

»Horror«, stöhnt Kim.

»Achim?«

»Alles prima, Schatz!«

Lukas zeigt mit dem Finger auf irgendetwas, das sich hinter mir im Raum befindet. »Guck mal, Mama!«

»Oh-oh«, sagt Kim.

Ich drehe mich um. Vor uns steht eine junge Frau mit langen, verfilzten blonden Locken.

Die Geister der Vergangenheit herbeirufen? Kann ich.

36.

»Boah«, sagt Lukas.

Adelheid-Maria trägt einen weiten weißen Rock, dazu nur den Fetzen eines Hemdes, das den Blick auf ihren Busen freigibt. Achim starrt fasziniert darauf. Ihm fallen fast die Augen aus dem Kopf. Und ich kann ihn sogar verstehen, denn ihr Körper ist unglaublich schön, ihre Haut schimmert wie Marmor. Sogar ich verspüre das spontane Verlangen, sie anzufassen.

Tot, wie sie ist, sieht sie ziemlich blass aus. *Junkie-Chic* nannte man das in den Neunzigerjahren – denen des zwanzigsten Jahrhunderts, nicht des siebzehnten.

»Wo ist die Kanaille?«, kreischt die blasse Frau. »Wo ist Gustaf? Der Hurenbock!«

Ohne eine Antwort von uns abzuwarten, stürmt sie mit wehendem Rock aus der Remise, reißt die Haustür auf und verschwindet im Inneren. Offenbar weiß sie schon, wo's langgeht.

Lukas rutscht nervös auf seinem Stuhl herum, seine Wangen glühen vor Aufregung. »Mama, die Frau hatte aber ganz schön wenig an!«

Ich tippe, hiermit wurde bei ihm die Pubertät eingeläutet.

Achim schaut der Freifrau perplex hinterher. »Oha«, sagt er. »Ich hatte sie mir irgendwie anders vorgestellt.«

223

»Wie denn?«

»Na ja. Damenhafter.«

Als wir ins Haus kommen, steht Gustaf in der Tür zu unserem Wohnzimmer. »Schatz, nicht!«, ruft er. Aber da bohrt sich neben ihm bereits eines unserer Fleischermesser ins Holz des Türrahmens. Er schaut zur Seite und verdreht die Augen zu einem Schielen.

»Das ist dafür, dass du durchbrennen wolltest!«, kreischt Adelheid-Maria.

»Die schöne Tür«, protestiere ich reflexartig. Ein Fehler!

Die Furie wirbelt herum und stiert mich mit einem wutentbrannten Blick an. »Was geht dich das an? Gustaf, wer ist das Weib, hast du mit der da etwa auch …?«

In der Hand hält sie noch ein weiteres Messer und holt bereits zum Wurf aus.

Inzwischen ist die Situation ganz und gar nicht mehr lustig.

»Adelheid, wenn ich vorstellen darf …«, stammelt Gustaf.

Aus der Drehung pfeffert Adelheid-Maria das nächste Messer in den Türrahmen, dann stürmt sie auf ihren Gatten zu. »Ich bring dich um, du Hundsfott«, brüllt sie.

Offenbar schimpfte man vor vierhundert Jahren auch anders als heute.

Direkt vor ihm bleibt sie stehen und hebt die Hände, als wollte sie ihn erwürgen, doch dann packt sie seinen Kopf und küsst ihn leidenschaftlich auf den Mund.

»Was soll ich machen? Ich liebe dich«, klagt sie, nachdem sie sich von ihm gelöst hat. Sie presst sich an ihn, schlingt ein Bein um seine Hüfte und zerrt an seinem Leinenhemd. »Ach, du Scheißkerl!«

Gustafs Hand landet auf ihrem Hintern, wild knutschend taumeln die beiden zur Wohnzimmercouch, wo sie sich fallen lassen.

»Wow, die Alte ist ja wohl komplett wahnsinnig«, murmelt Achim ungläubig.

»Therapiebedürftig nennt man das«, korrigiere ich ihn.

Lukas geht ein paar Schritte vor und stellt sich neugierig auf Zehenspitzen, um zu sehen, was da auf dem Sofa abläuft. Aber das Programm, das die beiden gerade durchziehen, ist leider nicht ganz jugendfrei.

»Ach, äh, Kinder, geht doch schon mal in die Remise und macht die Kerzen aus«, schlage ich deshalb vor.

»Wieso?«, fragt Lukas und linst weiter ins Wohnzimmer.

Doch seine Schwester stellt sich vor ihn und schiebt ihn Richtung Haustür. »Komm, kleiner Bruder, das willst du nicht sehen. Brrr, wie die sich küssen, das ist ja eklig!«

»Okay …«

Die beiden verschwinden nach draußen.

Achim und ich bleiben verlegen im Flur stehen. Bei der Gelegenheit versuche ich, eines der Messer aus dem Türrahmen zu ziehen, aber die Klinge hat sich zu tief ins Holz gebohrt. Genauso gut könnte es zwischen meinen Rippen stecken. Mir wird für einen Moment schwindlig.

Die Geräusche, die aus dem Wohnzimmer dringen, sind eindeutig. Ich beuge mich kurz zur Seite und riskiere einen Blick um die Ecke, wo ein bleicher blanker Gespensterhintern auf- und niederwippt, und darunter schreit und stöhnt Adelheid-Maria, als ginge es um ihr Leben oder den Frauentitel im Finale der French Open.

»Das geht doch auch leiser«, schimpft Achim.

Wir sehen uns an – und müssen beide vor Lachen losprusten. Ich nehme seine Hand: Seltsam, es ist obszön und bizarr, wie die beiden es vor uns treiben, und gleichzeitig doch irgendwie antörnend. Sollten wir nicht auch mal wieder …?

Achim ahnt wohl, was ich denke, küsst mich und sagt grinsend: »Später.«

Adelheid-Maria stöhnt sich noch zum Höhepunkt, dann lacht sie tief befriedigt auf. Die Nummer scheint durch zu sein: Schauen wir in der Remise nach den Kindern. Sie gehören schleunigst ins Bett.

Als wir mit Lukas und Kim ins Haus zurückkehren, rennt Adelheid-Maria tränenüberströmt vor uns her in die Küche und streift sich dabei ihr zerrissenes Hemdchen über die Schulter. Gustaf folgt ihr.

»Wie konnte ich nur?«, heult sie voller Verzweiflung. »Immer wieder falle ich auf dich herein. Ich bin eine Dirne!«

Sie wechselt von Wut über Leidenschaft zu Selbstbeschimpfungen und Selbstmitleid – und das in rasendem Tempo. So extreme Stimmungsschwankungen habe ich selten erlebt, in meiner gesamten beruflichen Praxis ist mir das in diesen Dimensionen überhaupt noch nicht untergekommen. Wie soll man das in den Griff bekommen? Die Arme, sie bräuchte einen sehr erfahrenen Therapeuten. Aber ich mach's nicht, von solchen Fällen lasse ich die Finger.

Lukas schaut fragend zu mir hoch. »Mama, was ist das, eine Dirne?«

»Ach, weißt du, Lukas, das sind Frauen, die ungesund leben …«, versuche ich mich umständlich an einer Erklärung.

»Nutten, Lukas«, bemerkt Kim knapp.

»Ach so. Wieso weint sie?«

»Lukas – genau deshalb …«

Meine Güte. Angesichts dessen, was der Junge hier miterleben muss, hätten wir damals genauso gut in die Bruchbude hinter dem Güterbahnhof ziehen können, die Frau Schüller uns exklusiv, versteht sich, und als einmalige Gelegenheit angepriesen hatte. Ich denke an Lukas' Klassenlehrerin, die sicher Schnappatmung bekäme, wenn sie das hier sehen würde.

Aber wie kann ich ihn schützen? Lukas wippt von einem Bein aufs andere und linst neugierig in die Küche. So aufgekratzt, wie er ist, kriege ich ihn niemals ins Bett.

»Lukas, schau doch mal, was im Fernsehen kommt«, schlage ich vor. »Oder spiel eine Runde mit der Playstation.«

»Darf ich jetzt noch, so spät?«, fragt Lukas ungläubig.

»Ich erlaub es dir. Ausnahmsweise.«

»So lange ich will?«

»So lange, bis ich dich ins Bett schicke.«

»Coooool!«, jubelt er.

Lukas stürmt ins Wohnzimmer, Kim geht mit. Ich schließe die Tür hinter ihnen. Hoffentlich schaffen wir es, das Katastrophenpärchen von ihnen fernzuhalten.

Aus der Küche ist bereits wieder wüstes Geschimpfe zu hören. Schränke klappern, Porzellan scheppert – und dann fliegt der erste Teller. Was haben wir getan?

Hysterie ist gar kein Ausdruck dafür, wie dieses Monster sich aufführt. Adelheid-Maria ist der personifizierte Wahnsinn.

Zack, der nächste Teller zerschellt auf dem Boden.

Aus sicherem Abstand schauen Achim und ich uns das Spektakel an. Die Tür zu unserem Geschirrschrank steht weit offen, Adelheid-Maria holt einen Teller nach dem anderen heraus und wirft ihn zu Boden, dabei schimpft sie ohne Ende. Unsere Küche mutiert zu einem Schlachtfeld.

Achim steht hinter mir, er legt schützend seine Arme um mich. »Das ist unser Hochzeitsgeschirr«, klagt er.

»Ich fand's immer schon kitschig.«

Aber sollen wir einfach so zusehen, wie die beiden unsere Küche zerlegen? Vielleicht lässt sich doch noch was machen. Wozu bin ich denn Psychologin?

Mutig gehe ich auf das Duo infernale zu und hebe beschwichtigend die Hände. »Halt, einen Moment mal, wartet. Man kann doch über alles reden …«

»Er wollte nach Schweden abhauen«, keift Adelheid-Maria und schleudert den nächsten Teller in Gustafs Richtung.

Gustaf duckt sich. »Deshalb muss man sich doch nicht gleich von die Dach stürzen!«

»Adelheid, dein Tod – das war Selbstmord?«, frage ich erschrocken.

»Quatsch, ich bin ausgerutscht!«

»Ja, eine kleine Ausrutscher – und dafür büßt man sseine ganze Leben!«, seufzt Gustaf, und in diesem Moment verstehe ich endlich, was es mit diesem Fluch auf sich hatte.

Das war also der Grund, deshalb ist Gustaf zum Spuken verdammt? Weil er mal wieder seine schwedische Mittsommernacht bewundern wollte und seine Frau damit nicht einverstanden war, hat sie ihm mit Selbstmord gedroht und ist dabei aus Versehen abgestürzt?

Die Ursache für dieses Chaos sind womöglich ganz banale

Verlustängste, wie sie typisch sind für Borderline-Patienten. Tragisch, aber die Situation ist doch nicht unlösbar. Die beiden haben es bestimmt nicht nötig, sich weiter gegenseitig das Leben zur Hölle zu machen – und unseres mit dazu.

Da muss doch eine Versöhnung möglich sein.

Am besten sofort!

»Gustaf, Adelheid … Das ist so lange her«, versuche ich zu vermitteln. »Wäre es da nicht mal an der Zeit, einander zu vergeben?«, flöte ich.

Der Blick, mit dem beide mich ansehen, könnte verächtlicher kaum sein.

»Niemals!«, giftet Adelheid-Maria mich an, und schon greift sie wieder in den Geschirrschrank. Sie ist nun bei unseren tiefen Tellern angelangt, die zwar nicht ganz so gut fliegen, aber dafür erheblich mehr Lärm machen.

Soll ich aufgeben? Bleibt mir etwas anderes übrig?

Ich könnte es auch mal mit *paradoxer Intervention* probieren: Wenn ich Adelheid-Maria in ihrem widersinnigen Tun noch bestärke, dann erkennt sie vielleicht, wie falsch es ist, und hört damit auf.

So weit die Theorie.

Also feuere ich sie an. »Wirf ruhig noch fester, Adelheid, kein Problem! Da ist auch noch mehr Geschirr. Bedien dich, bitte!«

»Danke!«

So ermuntert, nimmt Adelheid-Maria gleich unsere größte Suppenterrine und stemmt sie wie eine Kugelstoßerin in Gustafs Richtung. Sie schlägt direkt vor seinen Füßen auf. Na, das hat ja super funktioniert! Scherben schießen durch die Gegend. Ich flüchte aus der Küche zurück zu Achim, um aus sicherer Distanz das weitere Schauspiel zu verfolgen.

Weil die Teller aus sind, geht Adelheid-Maria nun mit ihren Fäusten auf Gustaf los. Sie heult und schreit.

»Boah, diese Zicke«, stöhnt Achim nur.

Schließlich kriegt Gustaf ihre Handgelenke zu fassen. Er hält sie fest, bis Adelheid-Maria aufgibt. Dann hebt er sie hoch, wirft sie entschlossen über seine Schulter und trägt sie aus der Küche zur Treppe.

»Wir ssind dann mal in eure Kammer«, verkündet er noch.

»Was wollt ihr da?«, fragt Achim erschrocken.

»Was schon? *Knulla!*«

Damit stapft er entschlossen die Treppe hoch.

Wir setzen uns auf die unterste Stufe. Oben jubiliert Adelheid-Maria bereits wieder in höchsten Tönen.

Achim schüttelt den Kopf. »Was haben wir uns da bloß ins Haus geholt? Die sind ja unersättlich.«

»Wahrscheinlich brauchen die das: den Streit, die Leidenschaft, die Versöhnung ...«

Und ich denke: Vielleicht könnten wir davon auch eine Prise gebrauchen – wir sollten uns lieben, streiten, wieder versöhnen ...

Eine Ehe kann doch nicht nur daraus bestehen, dass man Hypotheken abstottert, die Kinder herumkutschiert und bei IKEA bunte Halter für die Teelichter kauft. Manchmal muss auch das Porzellan fliegen.

Achim legt den Arm um mich, und ich lehne meinen Kopf an seine Schulter. Na, das ist doch schon mal ein Anfang. Schweigend hören wir zu, wie in unserem Schlafzimmer die Post abgeht. Ich habe keine Ahnung, was wir jetzt noch tun könnten. Wahrscheinlich können wir wirklich nur abwarten, wie sie unser Haus abreißen, und dann sollten wir uns nach einem neuen Zuhause umsehen. Who cares? Wir haben ja immer noch uns.

Ganz schön absurd, das Ganze. Ich kann nicht anders, als darüber zu lachen. Achim streicht mir tröstend über den Kopf, woraufhin wir uns so leidenschaftlich wie lange nicht mehr küssen, und ich spüre, wie er seine Hand auf eine Entdeckungsreise schickt, und lasse meine Finger über seinen Oberschenkel streifen …

Schade, dass unser Bett schon belegt ist.

Die halbe Nacht sitzen wir nun schon vor dem Fernseher. Wir haben den Ton laut gedreht, damit wir das Geschrei und das Gestöhne nicht mehr hören müssen. Das hilft aber nur in Grenzen, sie sind einfach zu laut. Die beiden rennen kreuz und quer durchs Haus: Mal lieben sie sich, mal streiten sie sich, und dann kriegt Adelheid-Maria wieder eine ihrer depressiven Verstimmungen. Es ist zum Wahnsinnigwerden.

Lukas schläft auf meinem Schoß, und ich habe trotz des Gekreisches meine Mühe, die Augen offen zu halten. Immer wieder kippt mir der Kopf nach vorne. Achim gähnt auch schon, während Kim gelangweilt mit der Fernbedienung durchs Programm zappt und zwischendurch auf dem Smartphone herumtippt. Wir haben ihr eingeschärft, dass sie auf gar keinen Fall über irgendein soziales Netzwerk etwas von unseren Poltergeistern ausplaudern darf. Andererseits: Wenn die Geschichte hier rauskommt, dann sind wir übermorgen garantiert im Frühstücksfernsehen. Das wäre doch mal was.

Wie ist das mit Gespenstern? Sind die für jeden sichtbar, können andere Menschen die genauso sehen wie wir – oder haben wir dieses Vergnügen exklusiv?

Verstecken die sich, wenn andere Leute kommen? Vielleicht zeigt Gustaf sich nur, wenn es ihm Spaß macht, bei hilflosen Geisterbeschwörerinnen zum Beispiel. Es wäre ihm zuzutrauen.

Fast wäre ich eingenickt, da höre ich draußen einen dumpfen Schlag. Irgendetwas Schweres muss heruntergefallen sein. Mühsam hebe ich den Kopf und schaue hinaus in den Garten.

Im nächsten Augenblick reißt auch schon Gustaf die Tür zu unserem Wohnzimmer auf, flitzt einmal quer durch den Raum und verschwindet durch die Terrassentür nach draußen.

»Was war das?«, grunze ich übermüdet, als mein Blick auch schon auf Gustaf fällt, der auf der Terrasse Adelheid-Maria beim Aufstehen behilflich ist. Stöhnend streckt sie sich, schüttelt sich einmal und klopft den Dreck von ihrem Rock, bevor sie auch schon wieder mit den Fäusten auf Gustaf losgeht und schimpft wie ein Rohrspatz.

Nachdem sie ins Haus zurückgekommen sind, erkundige ich mich besorgt, was passiert ist. »Ist sie wieder vom Dach gefallen?«

»Die Kanaille hat mich aus dem Fenster geworfen«, zetert Adelheid-Maria.

»Ich kann nichts dafür, früher war da eine Misthaufen, vor vierhundert Jahren«, rechtfertigt Gustaf sich und erntet dafür von Adelheid-Maria die nächste Ohrfeige.

Damit geht die Rallye auch schon weiter.

Die beiden marschieren hinaus auf den Flur. Zum Glück sind sie nicht im Wohnzimmer geblieben, denn ich hätte keine Lust gehabt, ihretwegen schon wieder umzuziehen.

Komatös kippe ich auf dem Sofa zur Seite. Bitte, jetzt nur ein paar Minuten Schlaf. Es kann nicht mehr allzu lange dauern, bis der Morgen anbricht und die Sonne dem Spuk ein Ende bereitet. Schließlich haben wir den letzten Sonntag im Oktober, da müsste es gegen acht hell werden, und das ist doch schon bald, oder?

Kim schaut auch schon erwartungsvoll zum Fenster, aber dann stutzt sie. »Hä?«

Sie steht auf, geht zur Terrassentür und starrt in den Garten hinaus.

»Papa … Mama … Da ist was … Das … das gefällt mir nicht …«

Achim und ich quälen uns hoch, wir stellen uns neben sie. Kim streckt den Arm aus und zeigt über den Garten hinaus in die Ferne. »Was ist das?«

Jenseits unseres Gartenzauns lodern auf der Pferdewiese mehrere Lagerfeuer. Daneben stehen mannshohe Zelte, zwischen denen Männer herumlaufen. Ein bunter Haufen. Sie tragen altmodische Mäntel, seltsam geraffte Pluderhosen, manche sind auch nur in dreckige Lumpen gehüllt. Einige haben ihr Gewehr geschultert, andere sind mit Schwertern und Streitäxten bewaffnet. Die Soldaten scherzen und lachen, während sie ihre Schnapsflaschen kreisen lassen.

Der Anblick ist atemberaubend. Ich komme mir vor wie Scarlett O'Hara in *Vom Winde verweht* auf der Terrasse ihres Landguts Tara. Und doch macht es mir Angst, dass dieses Gesindel sich vor unserem Anwesen niedergelassen hat. Wie ist der Film damals ausgegangen? Gab es da überhaupt ein Happy End?

»Ein Zeltlager«, antworte ich Kim schließlich. »Aber das sind nicht die Pfadfinder.«

»Das sind Soldaten«, erläutert Achim. »Dann nennt man das Biwak, ein Feldlager.«

Kim knibbelt nervös an ihren Fingernägeln. »Papa, was wollen die ganzen Leute denn hier?«

»Weiß nicht. Aber mir gefällt das auch nicht.«

37.

Eine kleine Abordnung der Männer formiert sich vor den Zelten und marschiert direkt auf unser Haus zu. Vor dem Schein der Lagerfeuer kann ich die Silhouetten des Trios gut erkennen. Die beiden Begleiter helfen ihrem steifbeinigen Anführer mühselig über den Gartenzaun. Sie setzen ihn auf einen der Holzpfosten und stützen ihn von der Seite, während er erst sein linkes Bein packt und es mit beiden Händen über das Gitter hievt, bevor er sich das rechte greift. Seine Begleiter lassen ihn los, geben ihm aber noch einen kleinen Stoß, damit er auf die andere Seite kommt, und schon verliert er den Halt, purzelt von dem Pfosten herunter und fällt vor ihren Augen auf den Rasen.

Wild gestikulierend fordert er seine Schergen auf, ihm wieder auf die Beine zu helfen. Aber dafür müssen sie erst selbst über den Zaun klettern. Und das dauert. Bei aller Sorge muss ich über diese Tollpatsche lachen.

»Die wollen zu uns«, meint Kim.

»Vielleicht möchten sie nur was trinken«, versuche ich sie zu beruhigen. Aber das glaube ich selbst nicht.

»Was machen wir jetzt?«, fragt Kim ängstlich.

»Wir reden mit ihnen«, beschließt Achim tapfer, öffnet die Terrassentür und tritt hinaus in die Dunkelheit. Ich muss spontan daran denken, was mein Opa, der den Weltkrieg noch miterlebt hatte, mir immer gesagt hat: Es ist klüger, feige zu sein.

Der Anführer steht wieder. Er scheint sehr wichtig zu sein, so eine Art Edelmann. Er trägt Schnäuzer und Kinnbart, und über seinem blank gewienerten Brustpanzer liegt ein breiter weißer Kragen. Irgendwoher kenne ich dieses Bild, wahrscheinlich aus einem Geschichtsbuch unserer Kinder.

Die beiden Soldaten stehen stramm an seiner Seite, und der linke von ihnen verkündet mit lauter Stimme: »Seine Hoheit, Generalissimus Albrecht Wenzel Eusebius von Waldstein, oberster Kriegsrat und Kämmerer im Dienste der Armee ihrer Majestät des Kaisers, Held der Schlacht am Weißen Berge, Herzog von Friedland und Sagan, Fürst zu Wenden und Graf von Schwerin ...« Dann kratzt er sich unsicher am Kopf und blickt zu seinem Anführer. »Hab ich was vergessen?«

Über uns fliegt das Schlafzimmerfenster auf und Gustafs Kopf erscheint. »Ich werd' verrückt! Wallenstein, altes Haus!«

Achim streckt dem Trio unerschrocken die Hand entgegen. »Angenehm, Baumann.«

Wallenstein – ja, genau der! Prager Fenstersturz und so, legendärer Feldherr im Dreißigjährigen Krieg, über ihn wurden ganze Dramen verfasst. Und dieser Wallenstein campiert jetzt mit seinen Truppen bei uns hinterm Gartenzaun.

Ich muss mich kneifen. Das kann alles nicht real sein. Was kommt als Nächstes? Machen Caesar und Kleopatra uns ihre Aufwartung, überfällt uns die heilige spanische Inquisition, reiten Attilas Hunnen über uns hinweg?

Gustaf kommt soeben aus dem Haus, er knöpft sich noch das

Hemd zu, dabei ruft er schon fröhlich zu Wallenstein hinüber: »Lange nicht gesehen. Wie habt ihr mich gefunden?«

»Moment …«

Wallenstein wühlt in seiner Hosentasche, dann zückt er ein Smartphone, tippt darauf herum und hält das blau leuchtende Display in die Luft. »Facebook!«, ruft er triumphierend.

»Mist«, knurrt Gustaf. »Ich hätte die Lokalissierung ausstellen müssen!«

Beeindruckt fuchtelt Achim mit den Zeigefingern zwischen beiden hin und her. »Ihr … Ihr kennt euch … Ihr kennt euch wirklich?«, fragt Achim staunend.

»Gewiss«, nickt Gustaf.

»Allerdings«, antwortet Wallenstein grummelnd.

»Weißt du noch, Wally? Die Schlacht an die Weiße Berg, unsere Treffen in Nürnberg und in Prag?«, schwärmt Gustaf. »Ach, das waren noch Zeiten!«

»Wo liegt dann das Problem? Irgendwas muss sie doch dazu bringen, unser Haus zu belagern«, frage ich freiheraus. »Gustaf, was hast du verbrochen?«

»Er hat uns beim Würfelspiel betrogen …«, wettert Wallenstein.

»Ah, du weißt doch, was man ssagt«, sagt Gustaf und schmunzelt in die Runde. »Was in Prag gessieht, das bleibt auch in Prag!«

»… und dann hat er uns in die Stiefel gepinkelt!«

»Das war zu lustig.« Ich höre Gustafs vergnügtes Kichern neben mir.

»Lustig? Ich bin reingestiegen, da waren sie noch nass!«

Wallenstein, der berühmte Feldherr und Generalissimus, trägt vollgepinkelte Stiefel? Ich muss mich sehr beherrschen, um nicht laut loszuprusten, und Achim scheint es nicht viel besser zu gehen. Er kann gar nicht mehr richtig atmen, presst die Lippen zusammen und schnauft durch die Nase.

»Wann war das?«, frage ich neugierig.

»1632, bei die Friedensverhandlungen«, erklärt Gustaf.

»Ihr wolltet Frieden schließen?«

Gustaf nickt. »Ja.«

»Und dann?«

»Wollte Wally nicht mehr.«

»Mit so einem schließt man doch keinen Frieden«, schimpft der Generalissimus.

»Moment. Das glaub ich nicht. Es gab jahrzehntelang Krieg, Zehntausende Menschen sind gestorben, ihr habt halb Europa verwüstet, und das alles nur wegen Pipi im Schuh?«

»Ja, warum nicht?«, meint Gustaf.

»Das ist so sinnlos!«

Weil diese beiden Knalltüten sich in die Haare bekommen haben, gab es keinen Frieden? Worüber beschweren wir uns dann heute? Gut, wir haben Botox-Partys und die Geissens, Menschen rennen gegen Laternenpfähle, während sie auf ihr Smartphone starren, es gibt Duschgel mit Zitronenaroma, und das Essen schmeckt nach Seife. Verrückte Zeiten. Aber vor vierhundert Jahren war die Welt nicht besser. Ganz im Gegenteil, die Verhältnisse waren sogar noch viel, viel grausamer. Auf gewisse Weise finde ich das beruhigend. Uns geht's heute doch ganz gut – trotz der Geissens.

Auf jeden Fall besser als vor vierhundert Jahren.

Wallensteins Miene verfinstert sich. »Ich habe Gicht, mir tut jeder verdammte Knochen weh, und das seit 1632, die ganze

Zeit! Vierhundert Jahre, verstehst du? Die nassen Schuhe sind die Hölle!«

»Ach ja, die alten Geschichten …« Gustaf will ihn offenbar besänftigen.

Doch Wallenstein schäumt vor Wut. »Ich fordere Satisfaktion!«

»Ähm, Entschuldigung, was hat das mit uns zu tun?«, frage ich.

»Wir beantragen die Auslieferung von Gustaf Birger Gunnarsson und fordern, dass ihr ihn widerstandslos an die kaiserliche Armee übergebt.«

Achim und ich sehen uns verblüfft an. Wenn das alles ist: Hurra, soll er ihn doch mitnehmen! Eine größere Freude könnte Wallenstein uns gar nicht machen, als uns Gustaf endlich vom Halse zu schaffen.

»Gern!«, rufen wir.

Nur leider will Gustaf noch verhandeln. »Wallenstein, du bist eine ehrbare Christenmensch und voller Güte. Bestimmt erlaubst du, dass ich mich noch angemessen von meine Weib verabschiede.«

»Nichts da, mitkommen!«

Gustaf bettelt weiter. »Grundgnädiger. Du warst doch auch kein Kostverächter. Weißt du noch, die kleine, blonde Marketenderin … Oh, sie war sso ssüß, es hat mein Herz berührt, euch zu sehen.«

»Nun gut, in Gottes Namen, ich will kein Unmensch sein«, lenkt Wallenstein ein. »Ein letztes Schäferstündchen sei dir gegönnt.«

Alle schweigen, als in der Ferne die Turmuhr unserer Dorfkirche sechs Mal schlägt.

»Ssechs Uhr«, stellt Gustaf fest. »Wie lange gewährt ihr mir Aufschub? Ssagen wir, bis zu die Ssonnenaufgang?«

»Der Lump will schon wieder tricksen«, wettert Wallenstein. »Wir sind Geister, du weißt genau, dass wir bei Sonnenaufgang alle verschwunden sein müssen.«

»Mist«, flucht Gustaf.

»Wann ist denn Sonnenaufgang?«, erkundigt sich Wallenstein.

»Jetzt im Oktober? So um acht …«, erkläre ich.

»Dann treffen wir uns wieder, wenn die Kirchturmuhr zum siebten Mal schlägt. Haben wir uns verstanden?«

»Ssieben Uhr. Ssehr wohl.«

»Du hast genau eine Stunde!«

Wallenstein wendet sich an seine Lakaien. »Lasst das Haus umstellen«, befiehlt er, ehe er mit schmerzverzerrtem Gesicht kehrtmacht, um zum Biwak zurückzuhumpeln. »Scheiß Gicht!«

Wir gehen ins Haus und schließen die Terrassentür.

Gustaf versucht uns zu beruhigen. »Keine Ssorge, euch wird nichts passieren. Ich bin um ssieben Uhr wieder da. Doch ihr erlaubt, dass ich die letzte Stunde mit meinem treuen Weib verbringe.«

Betrübt trottet er aus dem Wohnzimmer, als hätte sein letztes Stündlein tatsächlich geschlagen.

Wieso glaube ich ihm kein Wort?

Auf der Türschwelle dreht er sich noch einmal um, hebt mahnend den Finger und erinnert uns freundlich: »Ach ja, und denkt daran, heute Nacht endet die Ssommerzeit!«

Mich weckt das Zwitschern, das aus dem Geäst der Bäume draußen im Garten in unser Haus dringt, und mit den ersten Vögeln werden auch Wallensteins Soldaten unruhig.

»Drecksviecher! Wieso singen die schon?«

»Wieso wird's schon wieder hell?«

»Scheiße, die Sonne …«

»Wie spät haben wir's denn?«

»Acht.«

»Auf dem Handy ist es erst sieben.«

»Kann nicht sein!«

»Muss aber stimmen. Ist Android …«

»Hat niemand eine Armbanduhr?«

»Die wurde erst 1812 erfunden.«

Ich stelle mich ans Fenster und schaue hinaus. Tatsächlich, die Sonne geht schon auf. Zur Verwunderung der Soldaten. Während die Kirchturmuhr von Rotthoven die volle Stunde einläutet, zählen sie zunächst andächtig schweigend mit, ehe sich unter ihnen Verunsicherung breitmacht.

»War das jetzt sieben?«

»War das acht Mal?«

»Ich hab nur sechs Schläge gehört.«

»Ich kann nur bis drei zählen!«

Schon kriechen hinterm Wald am Horizont die ersten Sonnenstrahlen hervor.

»Ich versteh das nicht!«

»Au, meine Augen …!«

»Die Sonne, das tut so weh.«

»Schnell weg hier!«

Die Soldaten rennen wild durcheinander, einige werfen sich

schreiend unter die Rhododendronbüsche, andere können sich noch rechtzeitig ins Biwak flüchten. Mehr und mehr verblassen die Zelte, bis sie schließlich ganz verschwunden sind. Der Spuk ist vorbei, die Pferdewiese liegt vor uns, als wäre nichts gewesen. Für den Generalissimus Wallenstein die erste Niederlage seines Lebens.

38.

»... wurden aus einem Baumarkt an der Heerstraße etwa zwei Dutzend Paar Gummistiefel entwendet. Andere Gegenstände werden nicht vermisst. Die Einbrecher hinterließen keinerlei Spuren. Wieder steht die Polizei vor einem Rätsel.«

Die Nachrichten im Radio werden auch immer abstruser. So wie unser Leben.

Es ist schon fast Mittag, so lange haben wir geschlafen. Müde klammere ich mich an meine Tasse Kaffee, die einzige, die wir noch aus dem Scherbenberg in unserer Küche bergen konnten.

Ich bin bereit zu kapitulieren. »Sollen sie doch das Haus abbrennen. Das zahlt die Versicherung.«

»Dann stehen wir auf der Straße, Saskia«, widerspricht Achim. »Wir müssten wieder auf Wohnungssuche, die ganzen Möbel neu kaufen, wieder umziehen. Ohne mich!«

»Schau dich um, wie's hier aussieht. Eine neue Küche brauchen wir sowieso schon.«

Aber es stimmt. Wieder die ganzen Hausbesichtigungen, wieder schmierige Makler, wieder hässliche Badezimmer. Und was käme dann dabei raus? Ein anonymes Reihenhaus, ein langweiliger Vorort-Bungalow? So ein schönes Haus wie dieses werden wir kein zweites Mal finden.

»Ich bin bereit zu kämpfen«, verkündet Achim heldenhaft und spricht genau das aus, was ich auch gerade denke. »Was ist mit dir?«

Vor Verblüffung fällt mir fast die letzte verbliebene Kaffeetasse aus der Hand.

Kämpfen – Achim?

Diese Entschlossenheit. So kenne ich ihn gar nicht. Ist das der gleiche Mann, der sonst *Pu der Bär* zitiert, wenn's schwierig wird? Ich könnte ihn küssen!

»Und wenn sie uns überfallen?«

»Können wir immer noch abhauen, zur Not flüchten wir in die Remise. Es passiert schon nichts«, verspricht Achim zuversichtlich. »Ich bin bei dir!«

Schön, dass mein Mann plötzlich zum Helden mutiert. Aber ich weiß nicht, ob ich mich darauf verlassen möchte.

»Wir müssen die Kinder in Sicherheit bringen!«, fordere ich.

»Hast recht. Nur wohin?«

»Tante Katja«, jubelt Lukas und rennt in die weit ausgestreckten Arme meiner Schwester. Sie umarmt ihn, hebt ihn hoch und dreht sich mit ihm im Kreis.

Kim rennt an beiden vorbei ins Wohnzimmer und schnappt sich die Fernbedienung für den Fernseher. Als gäbe es hier ein besseres Programm als bei uns.

Ich linse in Katjas Wohnung. »Wo ist Karim?«

Sie seufzt traurig. »Weiß nicht …«

»Och nee. Wieso?«

»Wegen Winston.«

»Wegen einem Hund? Deshalb macht ihr Schluss?«

»Ich fand, er hat den Hund nicht im Griff. Die neurotische Töle.«

»Weil er bei uns durchgedreht ist?«

»Ja, das geht doch nicht, dass wir seinetwegen bei euch wegfahren. Aber Karim sagt, er sei sonst nie so. Nur bei euch. Als wäret ihr schuld und nicht der Hund.«

Ich nehme Katja in den Arm. Ach, was kann denn der arme Winston dafür? Nicht er ist der Beziehungskiller, sondern Gustaf. Wir können da fast schon eine Strichliste führen.

Als ich wieder zu Hause ankomme, läuft Achim gerade mit einer Gießkanne über den Rasen. Gewissenhaft zieht er von einer Seite zur anderen seine Bahnen. Wieso gießt er den Garten – mit einer Gießkanne? Geht's noch umständlicher? Warum nimmt er nicht den Schlauch? Meint er, dass ein schönes Grün unseren Wallenstein irgendwie milder stimmt?

»Achim, was wird das, was soll das, was machst du da?«

»Weihwasser«, verkündet er stolz. »Hab ich mal in einem Zombiefilm gesehen. Dann können die Gespenster nicht unseren Rasen betreten.«

»Woher hast du eine komplette Gießkanne voll Weihwasser?«

»Hab ich verdünnt. Eine Flasche konnte ich im Taufbecken der Dorfkirche abzwacken.«

»Achim?«

»Ja?«

»Du bist komplett bescheuert!«

Kopfschüttelnd gehe ich ins Haus zurück.

Mit der Sommerzeit ist es jedes Jahr dasselbe. Wer hat sich diesen Quatsch nur ausgedacht? Man rechnet gar nicht damit, wie schnell es abends dunkel wird. Dadurch schlägt die Herbstdepression erst recht erbarmungslos zu, und ab November befinde ich mich in einer Art Wachkoma. Die angebliche Energieersparnis wird schon dadurch aufgehoben, dass ich doppelt so viel Kaffee koche wie normal, um auf Touren zu kommen. Und mit Kindern bedeutet die Zeitumstellung erst recht Stress. Erst wollen sie abends nicht schlafen, dann kriegt man sie morgens nicht aus der Kiste.

Als wir nach draußen schauen, tauchen in der Dämmerung schon schemenhaft die ersten Zelte auf, und bald erkennen wir die Umrisse der Soldaten, die ihre Bohnensuppe aus einem schweren Kessel schöpfen und vor der Feuerstelle essen. Bevor sie alle versorgt sind, tritt Wallenstein aus dem Zelt, schnauzt seine Untergebenen an und befiehlt ihnen, sich zu sammeln.

Nun taucht auch Gustaf im Wohnzimmer auf. »Ihr sseid noch da? Wieso sseid ihr nicht abgehauen? Oh, das ist nicht ssehr klug von euch. Das ist Krieg.«

Vor unserem Gartenzaun formiert sich Wallensteins Trupp in zwei Reihen. Seine Soldaten sehen wild und verkommen aus, die Haare verfilzt, die Zähne verfault. Sie tragen nicht mal Uniformen, eher Lumpen. Der verwahrloste Haufen schafft es nicht mal, sich der Größe nach aufzustellen, sondern postiert sich, wie es gerade passt. Der Wind weht Fetzen der Kommandos zu uns herüber, die der Generalissimus von sich gibt.

Schließlich brüllt er in unsere Richtung. »Ihr Schwedenpack! Wartet, wir kriegen euch. Und dann gnade euch Gott!«

Mein Magen verkrampft sich. »Was werden sie tun?«, frage ich Gustaf.

»Ach, nichts Besonderes, das Übliche. Plündern, vergewaltigen, morden. Und dann brandschatzen ssie das Haus.«

Mein Herz setzt ein paar Schläge aus. Eine schreckliche Vorstellung. Doch ich glaube ihm. Diesem verwahrlosten Pack, das uns da gegenübersteht, ist alles zuzutrauen.

»Aber wer weiß, vielleicht habt ihr Glück«, beschwichtigt Gustaf.

»Wieso, was für'n Glück?«

»Dann kommt das Morden zuerst!«

Ohne weiteren Kommentar dreht Gustaf sich um und geht.

»Was ist, wo willst du hin?«

»Flüchten, was ssonst.«

Am Ende des Gartens steigt der erste von Wallensteins Soldaten über den Zaun, doch als er den Fuß auf unser Grundstück setzt, schreit er vor Schmerz auf und springt auf dem weihwassergetränkten Rasen herum wie eine Katze auf einer heißen Herdplatte. Dem nächsten ergeht es genauso. Die zweite Reihe schreckt daraufhin zurück, Wallenstein brüllt ein neues Kommando, und alle verschwinden in den Zelten.

»Siehst du, es funktioniert!«, kichert Achim triumphierend. In der Hand hält er eine kleine Wasserpistole, die wir Lukas vor Jahren mal im Urlaub gekauft hatten. Ich ahne, was darin ist. Damit möchte er uns die wilde Horde vom Leib halten: Mit einer Kinderpistole voll Weihwasser.

Einer nach dem anderen kommen Wallensteins Soldaten wieder zum Vorschein – mit Gummistiefeln in der Hand. Zum Schutz vor dem Weihwasser. Sie müssen sie heute Nacht in weiser Voraussicht aus dem Baumarkt an der Heerstraße geklaut haben.

Wie verrückt ist das denn bitte?

Wie ist unsere Lage? Auf der Wiese vor uns hocken verwahrloste Soldaten aus dem Dreißigjährigen Krieg, die sich ihre zerlumpten Schuhe von den Füßen reißen und in nigelnagelneue Gummistiefel schlüpfen, die sie gestern Nacht im Baumarkt um die Ecke geklaut haben. Neben mir steht mein Ehemann, bewaffnet mit einer Kinderwasserpistole, und nimmt eine Pose ein, als wäre er James Bond. Wir haben ein Gespenst zu Gast, das säuft und vögelt, als gäbe es kein Morgen, und seine Frau fegt wie der Tasmanische Teufel durchs Haus.

Sie alle sind seit vierhundert Jahren tot, treffen sich aber ausgerechnet in unserem Garten, um den Dreißigjährigen Krieg neu auszutragen, und ganz nebenbei beendet meine Schwester ihre Beziehung zu diesem Sahneschnittchen Karim wegen eines Hundes. Sorry, aber das kann nicht wahr sein, wirklich nicht.

Das ist ein paar Nummern zu bescheuert.

Was hat Gustaf neulich gesagt? Gespenster sind nur eine Projektion. Sie spiegeln unsere Ängste und Wünsche wider, sie sind ein Abbild des Unbewussten. Eine erstaunlich kluge Erkenntnis für so einen versoffenen Haudegen wie ihn – als hätte John Wayne sich die Theorien von Sigmund Freud zu Gemüte geführt.

Woher weiß er so was, wo hat er das her?

Ich hatte ihm diese Dinge nie gesagt, von mir hat er das nicht.

Und mit einem Mal wird mir alles klar. Alles findet nur in unserem Kopf statt, es ist ein Abbild unserer Fantasie! Es sind unsere eigenen Dämonen, die hier herumrennen! Mein Herz schlägt Kapriolen vor Freude und vor Erleichterung. Ist das nicht wundervoll? Wenn wir uns ändern, könnten wir sie loswerden. Aber wie?

Denk nach, du elende Psychotante! In deinem Garten stehen Wallensteins Soldaten. Natürlich könnten wir kneifen, uns hinten aus dem Haus schleichen, den Schlüssel umdrehen und abhauen. Aber dann würde sich nie etwas ändern und alles so weitergehen wie bisher. Vielleicht finden wir eine andere Wohnung, vielleicht sogar ein neues Zuhause. Aber dann öffnet sich nachts die Tür zur Garage, zum Keller oder zu den Putzmitteln unter der Spüle, und sie sind wieder da. Unsere Dämonen werden bleiben.

Ich werde weiterhin vernünftig sein. Ich kümmere mich brav um meine Familie, sorge dafür, dass alles läuft. Achim geht arbeiten, und im Bett herrscht tote Hose. Je langweiliger unser Leben wird, desto unattraktiver bin ich für ihn. Wenn er nicht mit Yvonne fremdgeht, dann vielleicht mit der nächsten Praktikantin oder der danach, während ich mich ablenke, mir absurde Hobbys oder einen anderen Arzt suche oder anfange zu trinken.

Irgendwann enden wir genau wie die Vorbesitzer: Wir verachten uns gegenseitig. Davor wird uns kein noch so schönes Haus bewahren können.

Nein, so darf es nicht weitergehen.

Ich will wieder leben, aber richtig, so wie früher. Und auf einmal ist alles klar. Ich weiß, wie's geht. Wie sagen die Männer beim Fußball immer? Die Entscheidung fällt auf dem Rasen.

»Liebst du mich?«, frage ich Achim und schlüpfe dabei schon mal unauffällig aus meinen Schuhen. Ich spüre das Gras unter meinen Füßen.

»Was? Wieso fragst du, was soll das? Wir haben definitiv andere Probleme.«

»Ich muss es wissen, Achim. Jetzt!«

»Natürlich liebe ich dich.«

»Mehr als alles auf der Welt?«

»Ja, das tue ich …«

»Sag es bitte!«

»Schön, ich liebe dich mehr als alles andere auf der Welt. Geht's dir jetzt besser?«

Auch wenn es etwas widerwillig klang: Das muss reichen. Ich stibitze Achim die Wasserpistole, dann stupse ich ihn in die Seite. »Fang mich!«

Dann laufe ich los. Mit einem Schrei stürze ich Wallensteins Trupp entgegen.

Panisch ruft Achim hinter mir: »Bist du wahnsinnig? Bleib stehen, Saskia! Komm zurück!«

Was für ein herrlich befreiendes Gefühl, barfuß über feuchten Rasen zu laufen. Der Trick ist natürlich, dass man nicht zu schnell rennen darf, so viel schneller sind Männer nämlich gar nicht. Man muss auch immer schauen, was für Schuhe sie anhaben: Sind es Flip-Flops oder feine Schuhe mit Ledersohlen, dann darf man nicht zu viel Gas geben. Wenn man Pech hat, legt der Kerl sich womöglich noch auf die Klappe. Läuft man aber zu langsam, ist das Spiel reizlos. Dann ist man, wenn man eingeholt wird, noch nicht mal richtig außer Atem. Alles eine Frage des Timings.

Vor mir stehen die ersten von Wallensteins Soldaten schon wieder auf, nachdem sie die Gummistiefel angezogen haben. Sie sammeln sich für den nächsten Angriff. Inzwischen müsste ich mich etwa auf der Mitte zwischen ihnen und unserem Haus befinden.

Wenn Achim mich wirklich liebt, dann wird er versuchen, mich zu retten. Aber wenn nicht? Was, wenn ich Wallensteins Horde in die Finger falle? Die Folgen, die mein Unterbewusstsein sich gerade ausmalt, sind ganz schön grausam, irgendwo zwischen Wanderhure und Hexenverfolgung. Ich sehe grässliche Gestalten mit verfilzten Haaren und schwieligen Händen, die gierig nach mir greifen. Aber ich laufe weiter.

Himmel, wenn diese barbarischen Gestalten da vorn für unsere eigenen, unterdrückten Gefühle stehen, dann liegt bei Familie Baumann wirklich einiges im Argen. Vielleicht sollte ich besser an was Schönes denken: Vanilleeis, Vanilleeis, Vanilleeis!

Mit gezückter Wasserpistole renne ich direkt auf sie zu. Ich bin schon fast am Ende des Gartens angekommen, einige Soldaten beugen sich über den Zaun und strecken die Arme nach mir aus, andere machen sich daran, herüberzusteigen. Ich kann die Gier in ihren Augen sehen: Sie warten nur darauf, mich in Empfang zu nehmen.

Wo bleibt Achim?

Zuerst spüre ich seine Hand an meiner Schulter, doch einmal kann ich mich noch losreißen. Ich lache, stolpere noch ein paar Schritte und falle fast über meine eigenen Füße, dann packt er mich an der Hüfte und reißt mich um – zusammen fallen wir hin und wälzen uns über den Rasen. Es hat funktioniert.

Er hätte sich für mich geopfert. Mein Held!

»Bist du wahnsinnig?«, stöhnt er außer Atem.

Doch ich kichere nur und versuche noch einmal auszubüxen. Aber dann hat er mich endgültig eingefangen. Wie damals in den Dünen.

Ich schaue zur Seite: Die Körper der Soldaten schimmern schon durchsichtig, ihre Silhouetten verschwimmen mehr und mehr. Achim drückt mich zu Boden, er liegt auf mir und hält meine Hände fest.

Wie stark er sein kann! So in Rage habe ich ihn lange nicht mehr erlebt. Ich winde und wehre mich gegen seinen Griff, und als ich ihn in die alte Narbe am Arm beiße, gibt es für ihn kein Halten mehr.

39.

Die Wiese hinter unserem Haus liegt still und verlassen im Mondschein. Zunächst waren die Soldaten noch wie Nebelschwaden über der Pferdewiese zu sehen, aber je länger wir uns küssten, desto blasser wurden sie, lösten sich in nichts auf und verschwanden.

Wir sehen aus wie die Schweine. Achims Pulli ist verdreckt, seine Knie sind grün vom Rasen, am Gürtel seiner Jeans hängt ein Grasbüschel. Mein Rücken ist pitschnass. Ich ziehe mir einen Grashalm nach dem anderen aus den Haaren, und wie meine Hose aussieht, möchte ich gar nicht wissen. Ach, es war himmlisch.

Ob wir Gustaf noch einmal wiedersehen werden?

Als wir ins Wohnzimmer zurückkehren, kniet er mit gesenktem Kopf vor seiner Adelheid-Maria. Ihre Erscheinungen schimmern nur noch blass. Doch noch sind sie nicht ganz verschwunden. Gustaf hat wohl noch etwas zu erledigen.

Bittet er sie für all seine Fehltritte um Vergebung? Na, das kann ja dauern.

»Aber du Dummkopf, ich wäre doch mit dir nach Schweden gegangen«, erklärt sie.

»Das hättest du getan?«

»Natürlich. Ich bin deine Frau, du bist mein Mann. Ich liebe dich.«

»Dann vergibst du mir?«

»Aber ja, Gustaf. Ich vergebe dir!«

Damit verschwinden die beiden endgültig. Einfach so, ohne sich von uns zu verabschieden.

Er ist und bleibt nun mal ein ungehobelter Kerl.

Aber der Fluch hat ein Ende gefunden.

Freundlicherweise hat Gustaf den Schlüssel zu seinem Keller-verlies stecken lassen. Wir müssen das Schloss also nicht mehr aufbrechen lassen. Was mag uns darin erwarten? Ein verstaub-ter Sarg oder Ritterrüstungen, alte Waffen, eine Sammlung leerer Weinflaschen aus vier Jahrhunderten? Vorsichtig schieben wir die Tür auf und schauen hinein. Es ist – einfach nur ein weiterer Kellerraum, völlig unspektakulär.

Das Zimmer ist spartanisch möbliert mit einem Tisch, einem Stuhl und einer harten Pritsche, mehr nicht. In so einer nüch-ternen Zelle hätte ich es garantiert keine vierhundert Jahre aus-gehalten. Viel zu unbequem. Aber Hausgeister – insbesondere männliche Hausgeister – ticken da wohl anders, denen reicht so was zum Leben und darüber hinaus.

Auf dem Tisch liegt ein kleines Leinensäckchen.

»Guck mal, er hat uns ein Abschiedsgeschenk hinterlassen.« Staunend nehme ich es vom Tisch. »Oh, ganz schön schwer.«

»Was ist drin? Pralinen?«, fragt Achim.

»Keine Ahnung …«

Ich löse die Schleife, mit der der Beutel verschnürt ist, und schütte ihn aus. Mir bleibt die Spucke weg. Klimpernd kullern glänzende Gold- und Silbermünzen in meine Hand.

»Sind die echt?«, fragt Achim verblüfft.

»Glaub schon. Fühl mal, wie schwer die sind. Die *müssen* echt sein.«

»Wow … Das sind zehn, zwölf. Die … die müssen ein Vermögen wert sein!«, stammelt Achim.

Was für eine Überraschung. Ich weiß gar nicht, wie mir geschieht. Glücklich presse ich den Beutel mit den Münzen an meine Brust. »Achim, wir sind reich!«

»Wir haben uns. Das ist noch viel schöner!« Achim greift meine Hand und zieht mich aus der Kammer. »Komm jetzt!«

»Was hast du vor?«, frage ich.

»Na, was schon. *Knulla!*«

40.

»Wo ist es denn?«

»Hier muss es irgendwo sein …«

»War es nicht näher an den Bäumen?«

»Ich glaube, es war weiter links …«

Das ist nun unser dritter Anlauf, einen Blumenstrauß auf Gustafs Grab zu legen. Doch nun, da er endgültig tot ist, ist das ganze Grab verschwunden. Wir finden seinen Grabstein einfach nicht wieder. Ich dachte, er wäre nur ein paar Schritte von der dicken Buche entfernt, aber mittlerweile bin ich mir da nicht mehr sicher. Außerdem behauptet Achim, der dicke Baum wäre eine Linde.

Wir durchforsten das gesamte Wäldchen, mehrfach, mit der ganzen Familie, doch der Grabstein bleibt verschwunden. Tja, nun stehen wir da mit unserem schönen Herbstblumenstrauß.

»Och schade, Mama.«

Lukas ist natürlich enttäuscht. Er war schon traurig, dass sein Freund Gustaf einfach so abgetreten ist, ohne noch einmal mit ihm zu sprechen. Nun kann er den Abschied nicht mal auf diesem Wege nachholen. Schmollend kickt Lukas gegen einen Laubhaufen, dann schlurft er zurück zum Haus.

Aber ich ahne schon, wo wir Gustaf finden könnten.

Zu viert passen wir kaum in die kleine Gruft der Rotthovener Dorfkirche. Nun stehen wir gemeinsam vor der Grabplatte von Gustaf zu Rotthoven und seiner Frau Adelheid-Maria.

»Und der Name stand vorher nicht da?«, fragt Kim zweifelnd.

»Wenn ich's doch sage …«

»Mama, bist du sicher?«

»Tut mir leid, ich hab kein Foto gemacht, Kim!«

»Hm …«

Jetzt zieht Kim einen Flunsch. Sie glaubt mir nicht, und ich kann es ihr nicht verdenken. Es ist unheimlich. Ich würde schwören, dass vorher Adelheid-Marias Name allein auf der Grabtafel stand, und nun sind die beiden glücklich im Tode vereint.

Lukas legt den Blumenstrauß auf dem Boden unter der Tafel ab.

»Tschüss, Gustaf, mach's gut«, murmelt er. Dann dreht er sich schnell um und schmiegt sich an mich.

»Ja, mach's gut, alter Schwede. Und danke für alles.«

»Was lernen wir daraus?«, fragt Achim und öffnet die Kirchentür für uns.

»Schatz, wenn du uns die Satellitenschüssel aufs Dach schraubst …«

»Ja …?«

»Zieh bitte festes Schuhwerk an!«

257

41.

Das Marzipanschweinchen ist nicht mehr bei uns. Chiara Pütz hat tatsächlich gekündigt, sie will auf Pferdepflegerin umschulen. Ich habe jetzt schon Mitleid mit den armen Tieren!

Neulich hat mir Dr. Sittler auf der Station einen riesigen Blumenstrauß überreicht – vor aller Augen! Die Krankenschwestern sind vor Neid schier geplatzt. Schwester Regine meinte nur: »Wieso Blumen? Ich verstehe gar nichts mehr, normalerweise enden Frauengeschichten bei ihm mit Tränen und Ohrfeigen.«

Wir haben uns herzlich umarmt, und ich habe ihm gratuliert, auch zu dem Verlobungsring an seinem Finger.

Seit vielen wundervollen Nächten haben wir nun schon unsere Ruhe in unserem wunderschönen, alten Haus. Gelegentlich schreit draußen ein Käuzchen, aber wenn Flaschen klirren, dann sind wir selbst schuld.

Wir hocken auf der Sofakante, und während Achim mir den Wein einschenkt, stelle ich fest: »Immer noch Wahnsinn, dieser Fernseher.«

Bei der Filmauswahl habe ich mich mit Leonardo und Kate gegen Achims Vorschlag durchsetzen können, aber ich glaube *Ein Zombie hing am Glockenseil Teil III* war von ihm auch nicht ganz ernst gemeint. Er wollte mir nur die Szene mit dem Weihwasser zeigen, und wie man sich damit Untote vom Leibe hält.

Das Bild haut mich immer noch um. So richtig kommt die Qualität aber erst zur Geltung, wenn man die Filme auf Blu-Ray sieht – mit dem entsprechenden Player. Wir haben noch mal investiert. Na und? Kostet ja nix. Wir schauen eben gerne Filme. Und mit so einem kleinen Edelmetalldepot in der Wäscheschublade lebt sich's gleich viel entspannter. Dort habe ich den Leinenbeutel mit den Münzen vorerst deponiert.

Achim erhebt das Glas. »Auf Gustaf.«

Ich stoße mit ihm an. »Oh ja. Auf ihn und auf Adelheid-Maria.«

Dann kuschle ich mich an meinen Mann. Arm in Arm liegen wir auf der Couch.

Er hat es mir so erklärt: Achim hatte das Gefühl, er würde nur noch eine Rolle spielen, arbeiten und Geld verdienen, das war alles.

Wir waren … Nein, *ich* war viel zu vernünftig. Das war mein Ding – und beinahe hätte ich damit alles ruiniert. Aber wie lernt man, wieder verrückt zu sein?

Nun, ich gebe mir größte Mühe. Bei Vollmond spielen wir im Garten Badminton und treffen keinen Ball. Teuren Rotwein heben wir nicht mehr auf, bis irgendwer Geburtstag hat: Nein, der wird getrunken. Wenn ich auf der Waage ein Kilo zu viel habe, dann gibt's für die ganze Familie Pizza und schwupps ist es am nächsten Morgen verschwunden. Kim klaue ich gern mal ihr Lieblings-T-Shirt und ziehe es an, was sie fast so peinlich findet wie knutschende Eltern. Wir dürfen ihr nie verraten, wozu die neue Hängematte da ist!

Wir leben! Vielleicht sind wir bald sogar zu fünft, wir lassen es darauf ankommen.

»Wie war das jetzt? Waren wir das selbst oder haben wir uns alles nur eingebildet?«, fragt Achim.

»Nein, so war's bestimmt nicht.«

»Hat es Gustaf nun gegeben oder nicht?«

»Ach, was weiß ich. Ja, doch, irgendwie schon. Aber alles, was er getan hat, passte zu unseren Problemen.«

»Was ist mit Lukas? Er wusste doch gar nichts von unseren Problemen«, meint Achim ungläubig.

»Aber er ist ein sensibles Kerlchen, er hat gespürt, dass da mit Mama und Papa was nicht stimmt.«

»Und Kim?«

»Sie hat ihren ersten Freund, sie wird erwachsen. Natürlich macht uns das Angst. Wir werden alt, Achim.«

»Hm. Findest du? Um ehrlich zu sein, mit dir fühl ich mich momentan ganz schön jung!«

»Ach, du bist süß!«

Ich weiß, ich kichere schon wieder wie ein verliebter Teenager. Ach, es ist schön, so albern zu sein. Achim setzt sich auf, er legt seine Arme um meine Beine und schmunzelt frech. Was er wohl wieder vorhat?

»Saskia, du weißt, was *Pu der Bär* immer sagt?«

»Hm. Keine Ahnung … Greif zu, sonst nimmt es sich ein anderer?«

»Nein, das doch nicht, das andere …«

»Was denn?«

»Platz da, lasst mich an den Honigtopf!«, sagt er grinsend, dann wirft er sich auf mich.

Er kann so herrlich unverschämt sein. Kate und Leo, ihr müsst warten …

260

42.

Achim schlendert an mir vorbei und zeigt auf sein Handy. »Ich rufe Karim an.«

»Karim? Wieso, was hast du denn mit dem zu tun?«

»Ich wollte ihm nur sagen, dass wir dieses tote Reh unterm Kies gefunden haben. So was macht ja Hunde echt kirre. Kein Wunder, wenn Winston durchdreht.«

»Echt, ist das so?«

»Weiß nicht. Aber er soll mit Winston vorbeikommen, dann checken wir, ob das die Ursache war. Du weißt von nix!« Er lächelt verschmitzt und wendet sich zum Telefonieren ab.

Verstehe.

Ich wähle Katjas Nummer. »Ich bin's, Saskia. Hallo … Wie wär's, wenn du heute Nachmittag zum Kaffee vorbeikommst? Als Dankeschön fürs Kinderhüten. Die Sonne scheint so wunderbar, vielleicht können wir sogar auf der Terrasse sitzen …«

Zunächst war Winston misstrauisch auf dem Vorplatz stehen geblieben, er schien sich noch zu erinnern, dass in diesem Haus früher etwas nicht stimmte. Doch als meine Schwester mit ihrem Cabrio vorfährt, steht er bereits schwanzwedelnd auf unserer Treppe und lässt sich von Achim knuddeln und tätscheln.

Katja lässt den Wagen auf den Hof rollen und kommt auffällig langsam zum Stehen. Herrje, sie wird doch nicht etwa umdrehen und abhauen, wenn sie Karim sieht?

Doch da zeigt Achim auf ihr Auto, Winston schaut hin, reißt sich los und schießt freudig bellend auf sie zu. Wer kann bei so viel Liebe schon widerstehen?

Den Kuchen können wir alleine essen. Schon über eine Stunde gehen Katja und Karim spazieren. Sie haben offenbar viel zu besprechen, und nur gelegentlich schaue ich nach, ob ihre Autos noch vor unserer Tür stehen.

Als sie Arm in Arm zurückkommen, strahlt Katja so glücklich, wie ich sie noch nie erlebt habe. Und mit dem Abendessen wird es auch nichts. Die beiden haben es irgendwie sehr eilig, heimzufahren, zu ihm oder zu ihr.

43.

Gibt es tatsächlich so etwas wie das kollektive Unbewusste – Mythen, Märchen und Vorstellungen, die uns alle prägen? C. G. Jung hat das behauptet, er war ein Zeitgenosse Sigmund Freuds, die beiden haben sich darüber zerstritten. Ich war da ganz bei Freud, ich habe C. G. Jungs Theorien bisher auch für Unsinn gehalten. Jeder Mensch ist unterschiedlich, jeder von uns denkt und fühlt anders, jeder hat seine eigenen Erfahrungen. Wir sind alle Individuen.

Und dann das. Wir sehen ein Gespenst, das unsere geheimsten Ängste und Wünsche zum Vorschein bringt. Jeder für sich, jeder anders – und doch als Familie, im Kollektiv. Als hätten Freud und Jung sich damals in einem Wiener Kaffeehaus getroffen, Versöhnung gefeiert und sich bei einem Gläschen Marillenlikör überlegt: Wie spielen wir der Familie Baumann einen hübschen Streich?

Aber wenigstens sind wir nicht allein mit unseren Fantasien.

Es ist bereits ein paar Wochen her, dass wir von Gustaf Abschied genommen haben. Ich stehe in der Küche, als ich das Brummen eines Autos höre, und schaue aus dem Fenster: Wer mag das sein?

An der Zufahrt zu unserem Grundstück hält ein schwarzer

Kombi, ein Mann steigt aus. Unschlüssig schaut er sich um und zögert, bevor er langsam auf unser Haus zugeht. Vor der Remise bleibt er stehen.

»Schau mal, da ist jemand«, rufe ich Achim zu.

Er kommt zu mir ans Fenster. »Den kennen wir doch«, erklärt er. »Das ist der ehemalige Burgherr, der Vorbesitzer!«

»Komisch. Was will der denn hier?«

Wenig später sitzt er schon auf unserem Sofa, verlegen nippt er an seiner Kaffeetasse.

»Ihnen gefällt das Haus?«, erkundigt er sich vorsichtig, nachdem wir uns ein wenig in Small Talk geübt haben.

»Ja.«

»Sie fühlen sich wohl hier?«

»Sehr!«

Wie zur Bekräftigung nimmt Achim mich in den Arm. Wir müssen auf unseren Besuch sehr glücklich wirken, und das sind wir auch.

»Hm.«

Nachdenklich nimmt unser Gast einen weiteren Schluck aus der Kaffeetasse. Ich habe den Eindruck, dass er uns das nicht abnimmt. Als könnte er nicht glauben, dass andere Leute in diesem Haus glücklich und zufrieden leben können. Dafür kann es nur einen Grund geben: Gustaf. Er hatte die beiden auch terrorisiert und schließlich aus dem Haus getrieben.

»Wie geht es Ihnen, und wie geht es Ihrer Frau?«, frage ich so diplomatisch wie möglich.

»Wir haben uns getrennt.«

»Oh, das tut mir leid«, bedaure ich.

»Ach, das hatte sich schon abgezeichnet«, murmelt er traurig.

»Ich kenne Sie und Ihre Frau natürlich nicht und weiß nichts über die Hintergründe. Aber manchmal geschehen um einen herum Dinge, die man selbst nicht versteht …«

Ich sehe Achim an. »Die Erfahrung mussten wir auch machen.«

Achim nickt. »Das ist wahr.«

»Ja?«, fragt unser Gast dankbar, schaut dann aber nervös zur Wohnzimmertür, als könnte jederzeit ungebetener Besuch erscheinen.

»Wissen Sie …«, fahre ich vorsichtig fort, »ich bin Psychologin, ich biete Ihnen gern meine Hilfe an. Ich kann nichts versprechen, aber manchmal wirkt eine Paartherapie Wunder, sie kann helfen, die bösen Geister zu vertreiben.«

»Jeder hat seine Leichen im Keller«, ergänzt Achim, und ich liebe ihn für diese Worte. Mehr muss nicht gesagt, Gustafs Name gar nicht ausgesprochen werden. Unser Besuch hat es auch so verstanden. Wer weiß, vielleicht finden sie tatsächlich wieder zueinander. Ich würde es ihnen wünschen.

44.

In der Nacht hatte es noch heftig gewittert. Blitze zuckten am Himmel und spiegelten sich im See. Jedes Donnern hallte mehrfach von den Bergflanken wider, bis es vom nächsten überrollt wurde. Ganz großes Kino.

Wir haben uns mit einem Gläschen Wein auf den Balkon unseres Hotelzimmers gesetzt und dem Spektakel zugeschaut, an Schlaf war nicht zu denken.

Aber am nächsten Morgen sind die Wolken wie weggeblasen, die Sonne scheint, nur ein paar weiße Tupfer ziehen am Himmel vorüber. Außer Pfützen ist von dem Unwetter nichts mehr zu sehen.

Ich habe Achim dieses Wochenende geschenkt. Wir sind zu Gast bei einem Oldtimerfestival am Comer See, dem traditionellen *Concorso d'Eleganza,* einer wirklich sehr vornehmen Veranstaltung. Autofans aus aller Welt treffen sich im Garten einer feudalen Residenz aus der Renaissance-Zeit. Die alten Schätzchen aus Blech stehen aufgereiht unter Palmen und glänzen in der Pfingstsonne. Viele der Besucher sind im Stile der Zeit gekleidet, die Herren tragen Knickerbocker, die Damen Petticoats und bunt gepunktete Bleistiftkleider. Es ist wie eine wundersame Reise in die Vergangenheit. Dazu blühen im Park Flieder und Azaleen. Ich kann mich gar nicht sattsehen daran.

Als eine Dame in einem eleganten Chanel-Kostüm an uns vorbeiflaniert, knuffe ich Achim in die Seite. »Du, ich will auch so eins«, flüstere ich.

Er zeigt daraufhin auf ein kleines, silbernes Coupé. »Und ich will so eins!«

»Wie teuer?«

»So sechshunderttausend«, schätzt Achim.

»Mein Kostüm ist billiger!«

Wahnsinn. So viel Geld für ein einziges Auto, und dazu noch für ein gebrauchtes. Angeblich fährt hier ein Lamborghini herum, der sogar mehrere Millionen wert sein soll. Oder war es ein Maserati? Nicht so wichtig. Dagegen wäre das Cabrio, von dem Achim träumt, fast ein Schnäppchen.

Als wir abends, die Sonne ist bereits untergegangen, von unserem Hotel zum Seeufer schlendern, kommen uns noch einige der alten Schätzchen entgegen. Achim fotografiert ausgiebig. Ich winke jedes Mal, und die Insassen winken freundlich zurück – bis in einer Kurve schließlich ein Auto wie aus einem uralten Stummfilm auf uns zutuckert, eine rollende Zigarre mit freistehenden Rädern.

»Ein Bugatti«, ruft Achim begeistert.

Doch ich ahne gleich, dass etwas nicht stimmt. Es ist viel zu schnell unterwegs.

»Achim, Vorsicht!«, rufe ich, da schlittert es bereits in unsere Richtung.

Der Fahrer kämpft am Lenkrad verbissen gegen die Fliehkraft an.

Achim und ich springen zur Seite, Dreck spritzt hoch und fliegt uns um die Ohren, im allerletzten Moment gelingt es dem

Fahrer, das Steuer herumzureißen und in die Spur zurückzufinden, dann gibt er Gas und braust davon.

»Heja!«, ruft der Fahrer begeistert, während seine hübsche Begleiterin mit den blonden Locken uns zum Abschied zuwinkt.

Ich muss erst den Straßendreck ausspucken, bevor ich wieder sprechen kann.

Achim und ich sehen uns an. »Gustaf?«, frage ich.

»Kann nicht sein, oder?«

Gibt es einen Grund, weshalb er hier plötzlich aus heiterem Himmel auftaucht, weit weg von zu Hause, am Comer See? Warum? Wir lieben uns, wir sind glücklich wie nie, und dieses Wochenende war traumhaft schön. Was macht der hier, wie hat er uns gefunden? Das ist doch kein Zufall!

Während ich noch überlege, ob in unserer Ehe vielleicht doch irgendetwas schieflaufen könnte, fasst Achim mich auch schon an den Schultern und dreht mich zu sich hin. Verunsichert schaut er mich an. »Saskia, wo ist der Haken?«

Florian Beckerhoff
Herrn Haiduks Laden der Wünsche
€ 16,99, Hardcover
ISBN 978-3-95967-134-7

Er kam der Liebe wegen nach Berlin: Herr Haiduk. Er blieb, die Liebe nicht. Seitdem betreibt der in die Jahre gekommene Herr seinen winzigen Kiosk, in dem es fast alles gibt: Zeitungen und Kaffee, Geschichten und Lottoscheine. Er genießt sein ruhiges Leben, bis eines Tages die scheue Kundin Alma das Jackpot-Los über 13 Millionen Euro vor dem Laden findet und den rechtmäßigen Gewinner ermitteln möchte. Gemeinsam mit Herrn Haiduk und seinem Gehilfen Adamo macht sie sich auf die Suche: Wer ist der Glückliche? Und kann er so viel Glück überhaupt vertragen?

www.harpercollins.de

Peter Barlach
Caroline hat einen Plan
€ 14,00, Klappenbroschur
ISBN 978-3-95967-152-1

Caroline hat genug von ihrem Job an der Frischetheke eines großen Supermarkts. Viel lieber möchte sie eine Tapas-Bar in Stockholm eröffnen. Aber sie hat kein Geld – dafür hat sie einen Plan: Gemeinsam mit ihrem Kollegen und ihrem charmanten kleinkriminellen Vater will sie einen Fleischtransporter klauen. Der Erlös der Beute soll ihr Startkapital sein. Doch dann lernt sie den Fahrer des Transporters kennen, und es ist um Caroline geschehen. Natürlich ist das kein Grund, den Plan zu ändern …

www.harpercollins.de

Linda Goodnight
Das Flüstern der Magnolien
€ 16,99, Klappenbroschur
ISBN 978-3-95967-031-9

Binden will Julia Presley sich aus gutem Grund nicht mehr. In ihrem Leben dreht sich alles um ihre Pension am Ende der Magnolienallee – bis ihr eines Tages ein Fremder seine Hilfe bei den Sanierungsarbeiten anbietet. Dass Eli Donovan ebenso wie sie dunkle Geheimnisse hat, spürt Julia schnell. Doch es braucht erst einen staubigen Stapel alter Liebesbriefe aus der Zeit des Bürgerkriegs, damit sie versteht: Die Zeit der Zärtlichkeit und die Chance auf ein glückliches Familienleben verjähren nie.

www.harpercollins.de

Harper Collins

S. D. Robertson
Solange ich in deinem Herzen bin
€ 14,00, Klappenbroschur
ISBN 978-3-95967-073-9

Will hat seiner kleinen Tochter Ella geschworen, immer für sie da zu sein. Und er tut alles dafür, um sein Versprechen zu halten. Bis zu dem Tag, an dem er tödlich verunglückt. Aber selbst der Tod kann das Band zwischen Vater und Tochter nicht zerreißen. Will erhält eine letzte Chance, um Ella Lebewohl zu sagen. Doch wie kann er den Menschen ziehen lassen, dem sein Herz gehört?

www.harpercollins.de